比較政治制度論

第3版

田口富久治・中谷義和【編】
TAGUCHI Fukuji & NAKATANI Yoshikazu

法律文化社

第3版はしがき

本書は、比較政治制度論の視座と課題を設定したうえで、日本を除く主要先進資本主義六国の政治制度を軸に、それぞれの政治の構造と動態を紹介し、分析するために編まれている。

本書は一九九四年を初版とし、一九九九年に版を新たにしている。今般、第3版を上梓することになったのも、新版の発行以降、たとえば、イギリスでは二〇〇五年に総選挙が、アメリカでは二〇〇〇年と二〇〇四年に上・下両院議員と大統領選挙が、フランスでは二〇〇二年に総選挙と大統領選挙が、ドイツでは二〇〇二年と二〇〇五年に連邦議会選挙が、イタリアでは二〇〇一年と二〇〇六年に下院議員選挙が、そして、カナダでは二〇〇四年と二〇〇六年に連邦下院議員選挙がそれぞれ行われ、政権の交替や一定の政治変動も認められるし、政治制度自身も変化しているからである。今回も、この必要から版を改め、直近の選挙結果を所収し、政治変動にかかわる図表も改めることで、時宜をえたものにするとともに、より立体的・複合的に諸国の政治の理解を期しうるものとした。

とりわけ、「グローバル化」と呼ばれている状況に至って、諸国の政治は相互連関化を強めているし、その変化には、矛盾と反発を含めて急速なものが認められる。それだけに、こうした状況において諸国の政治の制度と構造の歴史的アプローチを踏まえた個別的理解にとどまらず、比較の視座から複合的にとらえることで現代世界の政治動態を複眼的に理解し、日本政治との連関化とその相対化において新しい政治のありようを模索することが求められている。

本書は、こうした目的を共通の課題として編まれ、版を新たにすることで、取り上げた諸国の現況に政治学的にアプローチしうるものにするとともに、相互の比較視座的・複合的理解を期した。

二〇〇六年四月一三日

編者

新版はしがき

本書の旧版は一九九四年秋に初版をみている。幸いにも好評を得て、増刷を重ねることができた。本書が比較政治制度の視点から分析と比較の対象とした諸国は、イギリス、アメリカ合衆国、フランス、ドイツ、イタリア、カナダの、いわゆる主要資本主義国である。旧版の出版以降、これらの諸国のいずれにおいても、国政レベルの選挙が行われ、政党政治の変化をみている。すなわち、一九九六年にイタリアで、九七年にイギリス、フランス、カナダで、九八年にはドイツで総選挙が、また、アメリカ合衆国では九六年に大統領選挙、九八年には中間選挙が行われている。さらには、EU（ヨーロッパ連合）の成立とともに、構成諸国の政治も一定の変化をみている。本書の改訂をとりわけ必要としたのは、こうした事情によるものである。

また、新版では、旧版以後の政治動向を視野に収めるとともに、十分な理解を期して、より多くの図表を収め、近年の注目すべき文献を追加している。

世界の政治は大きな変動過程にある。本書で取り上げた諸国の政治の仕組みと動態を比較し、総合するという作業をもって、変動期の現代政治を理解するための一助となり得ることを期待したい。

一九九九年三月六日

編　者

はしがき

この本は、大学等で政治学、比較政治学、比較政治制度論を学ぶ学生を主たる対象として、諸国の政治の制度的アプローチを試みたテキストブックではあるが、比較政治制度論の位置を明示し、諸国の政治の仕組みを説明したものであるだけに、対象とした諸国の政治を理解するための入門書ともなりうるものである。

序論でも説明するように、「比較政治」(comparative politics)、「比較政治制度」(comparative government, comparative political institutions)、「比較憲法」(comparative constitutional law)、これら相互の関係やそれぞれの独自性については、いろいろな理解がありうるが、本書では、比較憲法学の業績や論議をも参照にしつつ、政治学の視点から「比較政府・政治」(comparative government & politics) 論の制度的説明が重視されている。

比較と分析の対象とされているのは、欧米先進諸国のなかでも、比較政治制度の観点から、歴史的にも現代世界においても重要な意義をもっていると考えられるイギリス、アメリカ合衆国、フランス、ドイツ、イタリア、カナダの政治制度である。それぞれの政治制度の歴史と現状、およびその意義と位置づけについては、序章と各論六章からなる本書の全体で明らかにされる。これら諸国の政治制度は、過去・現在・未来の日本の政治制度の背景や特徴を、また今後のあり方を考えるうえで、とくに参考になるものである。なお、偶然の結果ではあるが、これら六カ国に、日本を加えると、いわゆるG7が構成されることになり、これらの諸国が現代世界にあって、政治的・経済的に重要な位置にあるだけに、それらの政治制度の比較研究が、実践的にも重要性をおびているといえよう。

このテキストブックが、学生諸君の近代・現代政治の理解の助けとなるだけではなく、さらなる比較政治・比較政治制度研究のためのガイドブックともなりうることを期待したい。

一九九四年八月

編　者

目　次

第6章　カナダの政治制度 167

序　章　比較政治制度論の課題

1　比較政治制度の対象と方法

1　比較政治制度論とはなにか

現在世界には、わが国を含めて、約一九〇余の「国家」が存在している（そのうち国連加盟国は、二〇〇五年一〇月現在で一九一カ国である）。これらの国家は、国土・人口の大小・国富・軍事力の大小などを基準にとっても、きわめて多種多様である。歴史的に見れば、今日の「国民国家」と呼ばれる近代の国家形態は、ほぼ一六世紀以降一九世紀末までに、西欧（および主として英国の白人植民地であった北アメリカとオセアニア）で形成された。そして第一次大戦後に、旧ロシア帝国、オーストリア＝ハンガリー帝国、トルコ帝国などの敗戦による帝国解体の結果として、中・東欧やバルカン地域において、いくつかの「国民国家」が樹立された。第二次世界大戦後になると、アジア、アフリカなどの、欧米日帝国主義列強の植民地・従属国であった国々が、少なくとも政治的には独立を達成し、「国民国家」として国連に加盟するに至った。他方、第二次大戦の結果として東欧諸国がソ連圏に組み込まれ、中国、北朝鮮、ベトナム（北部）、それにキューバが社会主義的「国民国家」となった。しかし、周知のように、一九八九〜九一年の東欧・ソ連の共産主義体制の崩壊の結果として、ソ連邦は解体して十いくつかの旧連邦構成共和国が独立国家として復活ないし誕生し、旧ユーゴスラビアも解体して、いくつかの独立国家が成立した。

このような歴史的経過によって、地球上の国家の数は、一九〇余にふくれあがって現在に至っているのである。こうして、いまやこの地表は、このような「国民国家」群によってほぼおおいつくされており、「国民国家」が構成する「国民国家システム」という国際的な政治システムも、世界大に拡大している。

比較政治制度論とは、近代の主権的「国民国家」の政治制度を、歴史的、そして同時代的に比較対照する政治学の一研究領域である。比較政治制度論と密接な関連をもつ隣接学問分野としては、近代主権国民国家群の憲法現象を法の社会科学ないし法社会学の観点から比較研究する比較憲法学がある。両者は、主権的国民国家の政治制度ないし憲法制度というほぼ同一の研究対象の社会科学的比較研究を目指しているが、比較分析の対象範囲という点と分析の焦点・方法という点で異なっている。また政治学の一研究分野としての広義の比較政治の領域においては、ほぼ第二次世界大戦前には、比較政府論ないし比較統治機構論（英語では comparative government）が中心的な研究対象をなしていたが、第二次大戦後は、政治学の、制度論、ついで政治過程論（political process, governmental process）から、政治行動論（political behaviorism）へのアプローチの移行にともなって、広義の比較政治論を、比較政治（comparative politics）ないし比較政治システム（comparative political system）として展開するアプローチが支配的となっている。しかし比較政治制度論と比較政治論ないし比較政治システム論を絶対的に対立するもの、前者は後者によって克服されたものと考える必要はない。両者の相違*は、比較分析の対象的焦点、接近方法、比較対象相互間の距離とそれにともなう概念図式の抽象度の相違に由来すると見てよい。両者を統合して、広義の比較政治論の対象を、「比較政府＝統治機構および政治」（comparative government & politics）に設定する政治学者の数も多い。そのさいには、「比較政治制度（政府）論」と「比較政治（政治システム）論」とは、分析の焦点や分析対象の範囲の広狭の相対的な違いにすぎないことになろう。

＊　この点はややわかりにくいと思われるので、簡単に敷衍しておく。比較の対象として、日本を含む先進工業国を選ぶ場合には（これを「近接比較」という）、それらは近代立憲国家という共通の属性を示しているがゆえに、近代立憲国家というかなり具体的理論モデルを想定して、相互の異同を確定することが可能であろう。しかし、例えば、先進資本主義国家群と、旧植民地・従属国であったアジア・アフリカ等の開発途上国家群との政治制度を比較研究する場合には（これは「遠隔比較」の一種である）、後者には、近代立憲主義の諸特徴が欠けているか、あるいは建前と実際との乖離が大きいため、比較の基準として近代立憲主義の諸原理を採用することは有効ではない。そこでそのさいには、アメリカの比較政治学者G・A・アーモンド等の開発した、システム概念と結びついた構造・機能アプローチ（システム機能として、社会化、徴募、通信を、政治体のプロセス機能として、利益表出、利益形成、政策決定・執行・裁定を措置している）という、より抽象度の高い理論モデルが適切になる、というようなことである。

このテキストにおいては、講義上の必要・便宜という観点から、現行の日本の政治制度を念頭に置きつつ、イギリス、アメリカ合衆国、フランス、ドイツ、イタリア、カナダという六つの欧米先進諸国の政治制度（公的政治諸制度の編成に加えて、準政府機構としての政党・利益集団等を含む）の比較分析と最近の共通の趨勢の摘出を試みる。

2　政治制度と比較の方法

これまで比較政治制度論の研究対象としての「政治制度」という用語について厳密な定義を与えてこなかった。この概念のいわば交通整理に詳しく立ち入ることは、ここではとうていできない。＊ただこの講義の研究対象は、すでに触れたように、近・現代の欧米先進諸国の政治制度に限定されているので、この研究対象に適合的な関連用語をまず簡潔に定義しておく。

＊　日本語の「政治制度」は、ヨーロッパ語（ここでは英語のみで示す）の、government（広義の政府ないし統治構造・統治機構の意味の他に、統治機能の意味をもつ）、political institution の訳語として用いられてきたが、学者によっては、political system, political régime を政治制度と訳す場合もある。他方、わが国では、organization を「組織」以外に、「機構」と訳す場合が多く、そのため「政治機構」という用語が、political institution, government, political organization, political mechanism 等のどれを指しているのか、不明なことが多い。「制度」（institution）とは、抽象的には、「社会システムという、時―空構成体の基本部分をなす、ある時空において規格化された行動様式」（A・ギデンズ）とか、より具体的に、「公式の法令およびそれに基づく慣行によって示された行為規範」（眞渕勝）というふうに定義され、政治的制度とは、政治の世界において、人々の行動を規格化し定型化する法的・政治的規則、規範、慣習などの総体として理解されることが多い。これに対して、広義の統治構造・統治機構（government）とは、「一定の時処において政治権力の所在を確定するとともに、その運用を保障する装置（apparat）」（辻清明）と定義される。このテキストでは、政治制度を後者の意味で理解しておくが、必要な場合には、統治構造の制度的側面について当然のことながら言及する。

①「近代国家」　「ある一定の領域内で……正当な物理的暴力行使の独占を（実効的に）要求する人間共同体」（M・ウェーバー）。近代特有の領域的主権国家。その最初の形態は、一六世紀以降の西欧における絶対主政ないし絶対主義国家であった（ただし絶対主義国家の階級的性格は近代的=ブルジョア的とはいえないことに留意）。

②「近代国民国家」（nation-state）　「近代社会に特有な国家の類型で、政府は一定の領有区域内に主権を有し、人口の大部分は単一国家の一員であることをみずから自覚している市民である。ナショナリズム的忠誠心は、今日存在する特定の国家の境界と必ずしも合致するわけではないが、国民国家はナショナリズムの勃興と密接に関連し

ている。国民国家は、新たに出現する国民国家システム（nation-state system）の一部をなすものとして、当初ヨーロッパで発達したが、今日では全世界に普及してきた」（ギデンズ）。

③「近代（国民）国家の政治制度ないし統治構造」　主権的領域国家（国民国家の場合には、国家と国民社会＝国民共同体は一致する）において、全住民にかかわる公的諸問題について政策を制定し意思決定を行う広義の公務員（officials. 政治家、官僚、軍人、裁判官など）の編成体。簡単には、統治機能をになう諸機関の総体。統治構造（government）は一定の目的を実現するための組織体であると同時に、オフィシャルズとその組織体の行動が、法的その他の規範・規則・慣習等によって枠づけられ、定型化されているかぎりで、政治諸制度の総体でもある。

次節では、近代国家、とくに近代国民国家とその政治制度の理念や諸原則をやや具体的に列挙し関連づけ、それに基づいて、さきに言及した諸国の政治制度の比較を試みる。が、その前に、比較という知的作業および政治制度の比較の方法について、これまた簡単に言及しておく。

科学、とくに社会科学における比較（comparison）という方法には、少なくとも三つの側面があり、それらが相互に密接に関連し合っている。

第一に、なぜ、なんのために比較するのか、という比較の目的ないし理由の側面がある（Why の問題）。この点を明確にしておかないと、比較という作業そのものが無意味となる。第二に、なにとなにとを比較するのか、という問題側面がある。これは比較の目的から導かれよう（What の問題）。第三に、いかに比較するのかという側面がある（How の問題）。これは比較の目的および対象に適合的な比較の方法を選択するという問題である。

この三つの視角を、われわれがこれから行う作業にあてはめてみよう。われわれの比較の目的は、西側先進国の政治制度類型に属する日本の政治制度と憲法政治の特質のよりよい理解を得るとともに、この種の政治制度類型の現状認識をふまえて、その発展ないし変容の趨勢を見定めようとすることにある。そのために比較の対象として、上述の欧米六カ国の政治制度を選択したのである。この選択は、これら六カ国の欧米先進諸国の政治制度史ないし憲政史における歴史的貢献や独自の類型的特質、さらに現状における重要性などの諸要因を総合して選択したものであるが、これらは、たまたま、今日の、日本を加えたG7諸国と一致している。

第三の、比較政治における比較の方法ないし比較の枠組という点についてやや詳しく述べておこう。フランスの代表的な政治・憲法学者、モーリス・デュヴェルジェは、その小著『政治体制（Les Régimes Politiques, 1961）』の第一部「政治体制の一般理論」において、古今東西にわたる政治体制の比較の基準として、統治者の選択、統治者の構造、統治者の制限という三標識を提示している。統治者の選択では、⑴権力の征服（革命、クーデタ、「抗命宣言《プロヌンシアミュント》」等）、⑵世襲、⑶互選、⑷くじびき、⑸他の統治者による指名、⑹直接民主制、⑺代表民主制、および専制的手続きと民主的手続きの混合体制として、⑻並置による混合体制、⑼結合による混合体制（例、批准選挙）⑽融合による混合体制（例、推薦選挙）を挙げている。統治者の構造としては、まず統治機関の類型としていわゆる統治機関（単一支配的体制、執行官的体制、二元的統治体制の三類型が区別される）と集合的機関としての議会（諮問的議会と討議的議会、一院制と両院制が区別される）が弁別される。

ついで、職務の分配については、立法権、執行権、司法権という古典的区別が、（立法と執行との）機能の二重性と機関の二重性との関係という角度から、「権力の混同」（全統治機能が単一の機関に付与される場合）と「権力の分離」（立法権が議会に、執行権が厳密な意味での統治者に帰属する場合）の二元方式に整理され、かつこのような古典的区分が現代においてはもはや事実に対応していないことが批判的に分析される。統治者の制限においては、そもそも統治者権力の制限には反対するマルクス主義などの共同体的学説と、制限を絶対的に必要とみなす個人主義的学説との対抗が説かれ、後者の開発した制限のテクニクとして、(1)統治者の弱体化による制限（選挙、権力の分割、法的規制）、(2)被治者の権力の強化による制限（例えば、半直接民主制的手続きや市民社会の諸結社・諸団体等の「私的力」による制限）、(3)連邦主義による制限、の三つが挙げられている。

デュヴェルジェは、以上の三標識を通じて、自由主義的傾向につながる民主的政治体制と、専制主義的傾向につながる独裁的政治体制という基本的区別を析出している。そして続く第二部「現代の政治体制」においては、以上の標識と区別に基づいて、現代世界の政治体制を、イギリス型、アメリカ型、ソ連型の三基本型に分ち、それぞれから派生する諸変種をも含めて、体系的に叙述し、批判、総合している。このような、政治体制の一般理論に基づく比較と分類の試みは、われわれの作業にとって示唆的であるが、やや隔靴《かっか》掻痒《そうよう》の感を免れない。

これに対して、日本の代表的憲法学者、比較憲法学者である樋口陽一は、比較憲法学における比較の方法として、機能的方法（憲法現象の論理的類型学）と歴史的方法（憲法現象の歴史的類型学）とを区分する。そして自説として、横軸に現代憲法現象の歴史的類型学（より具体的には、さきのデュヴェルジェのその後の仕事の展開をたどりつつ、生産力と生産関係の相方を考慮に入れた「社会・経済的構造」の類型学）、縦軸に、発展した社会における資本主義憲法史の三段階、すなわち、近代市民革命期、近代立憲主義の確立期、近代立憲主義の現代的変容期という三つの歴史段階を設定した、独自の歴史的類型学を提唱している。樋口の比較憲法学のキイ概念は、個人の尊厳を基本価値とし、権利保障と権力分立をその不可欠の要素とする近代立憲主義の原理である。平たくいえば、近代立憲主義の形成、確立、変容を視点として、同一類型の歴史社会同士の発展段階的比較（例えば、年代的には異なる英・仏・独の近代市民革命のあり方の比較のうえに、三国の憲法現象を比較する）と、一定時点での諸国の憲法現象の横断的比較とを結びつける立場である。

私はデュヴェルジェの政治体制の一般理論よりも、樋口の歴史的類型学のほうが、われわれの当面の比較目的、比較対象との関連で、より参考になると考える。ただ比較政治学と比較憲法学の対象や関心の焦点の違いを考慮し、かつすでに略述した、近代国家、近代国民国家の政治制度ないし統治構造（デュヴェルジェの場合は、政治レジームという用語が用いられていて、それは統治構造よりニュアンスとしてやや広い）の理解を前提として、次節では、近代（国民）国家の政治制度ないし統治構造の諸原理を取り扱う。これらは、総体として、歴史的に形成・確立・展開していった現実の諸政治制度ないし統治構造（より具体的には本書で扱う英・米・仏・独・伊・加のそれ）を比較的に考察するための、理念型的な理論モデルを構成する。このような近代政治制度の諸原理としていかなるものを措定すべきなのか。先行業績をも参考にしつつ、このテキストでは、(1)主権——国家主権と国民主権、(2)市民権ないし基本的人権、(3)単一国家と複合国家、(4)権力分立、(5)代議制、(6)議院内閣制と大統領制、(7)司法部の政治的役割、(8)地方制度、(9)政党と選挙制度、の九つを措定しておきたい。近代政治制度の理論模型におけるこれらの諸原理の位置づけや相互連関については、行論のなかで明らかにしよう。

2　近代政治制度の諸原理

1　主権——国家主権と国民主権

近代国家に特有の法学的・イデオロギー的概念で、各国家が、その領域内において最高、絶対、唯一、不可分、不譲渡的な権力・統治権を有し、対外関係の処理において、他国の命令を受けず独立して行使する権能と定義される（国家主権）。このような国家主権観念の理論的定礎者は、J・ボダン（1529/30-96）とされている。最初の近代国家とされる絶対主義国家のイデオロギーであるこのような国家主権の観念は、市民革命後の近代国民国家にも引き継がれていった。

それでは、このような国家主権は、一定の近代国家の領域内においていかなる政治主体に帰属すべきなのか。絶対主義の時代においては、主権は王権神授説によって正当化されて絶対君主に帰属すべきものとされた（君主主権）。しかし絶対王政を打倒した市民革命後においては、主権は国民に属するとされる（国民主権）。ただし「国民主権」には二種類の対抗的意味があり、その一つは、「ナシオン主権」であり、他は「プープル主権」である。前者は主権がひとつの抽象的全体を示す「ナシオン」に属するとするものであり、この「ナシオン」の意志は、個々の有権者の意志に拘束されない「代表者」によって媒介されるとするものであり（「純粋代表制」）、後者は、主権が個々の市民の総体として捉えられた「プープル」に属し、選挙民の意志は代表者から構成される議会の決定に反映されるべきだという考え方である（「半代表制」）。ちなみに日本国憲法における「国民主権」は、基本的には、後者の意味に理解されるべきである。

なお、名誉革命後の英国では、主権論は、'King in Parliament' つまり「議会主権」論という形態をとった。また一八七〇年代以降の第二帝政期のドイツでは、「国家主権論」が支配的学説となった。これは、国家を法人と見立て（「国家法人説」）、君主主権説と国民主権説の妥協を計ったものである。美濃部達吉（1873-1948）東大帝大教授（1902-32）の「天皇機関説」はこの系譜に属する。

2　市民権ないし基本的人権

政治社会ないし政府はなんのために設立されるのか。これはホッブス（1588-1679）、ロック（1632-1704）、ルソー

（1712-1778）等の近代市民政治理論の創始者たちが解答を与えるために心血を注いだ問題であった。中でもロックは、政府設立の目的をプロパティ（身体・自由・財産）のよりよき保障に求めたし、それを承けて、一七七六年のアメリカ独立宣言は、それを「生命、自由、幸福の追求」に設定した。また一七八九年のフランスの「人および市民の権利宣言」は、その第二条で、あらゆる政治的団結の目的は、「自由、所有権、安全、圧制への抵抗」からなる、人の消滅することのない自然権の保全に求めた。人権と市民権は、近代自然法理論と社会契約論の理論構成を前提にして区別されるが、そのうち市民権（citizenship rights）は、イギリスの社会理論家、T・H・マーシャルによって、シヴィル・ライト、政治的ライト、社会的ライトに三区分されている。第一の権利は、いわゆる古典的自由権で、絶対王政の圧政との闘いで新興市民層がかちとっていった、内面・信教・思想の自由、移転の自由、営業の自由、言論・集会・結社の自由などである。第二の政治的権利とは、勤労大衆の普通参政権獲得（政治的同権化）の運動の成果であり、それを契機として、古典的代議制は大衆デモクラシーに転換していく。第三の社会的ないし経済的権利とは、二〇世紀に入って、とくに第二次大戦後、やはり勤労大衆が社会的福祉、労働権など社会的同権化の運動の成果として獲得していった現代型の権利であり、これら三つの権利樹立の時間的間隔、相互連関のパタンなどが、先進国比較政治論の第二の領域を構成するであろう。

(3)〜(9)は、(1)(2)を前提とする「国家の形態」（国家の編成形態）——それは、単一国家か複合国家かという国家統一の組織形態（国家の外的形態）、国家権力の最高諸機関の組織および諸機関の構成手続きをあらわす「統治形態」（具体的には、君主制と共和制の二大類型に分類されるが、ここでは省略する）、政治レジーム（国家権力の手法・方法の総体と国家装置そのものの一定の構造的特殊性として定義される）の三つのモメントから構成される——、および統治形態、政治レジーム（これはわれわれのこれまで用いてきた広義のガヴァメント=統治構造にほぼ等しいと見てよい）のより具体的編成にかかわる比較基準である。

3　単一国家と複合国家

近代国民国家は、一定の領域における国家主権のもとで一つの「国民」によって構成されるとされているが、実際には、単一国家として編成されているものは意外に少なく、複合（連邦・連盟）国家が多い。ここで扱う先進六カ国の場合でも、国家の外的形態には歴史的に変遷の見られる国が多いが、この中で、市民革命後ずっと単一国家形態を維持し続けてきたのはフランスくらいのものである。イギリス（正式名称は、グレート・ブリテンと北アイルランド連合王国）は、連邦国家（federal state, Bundesstaat）ではないが、連合王国内部には、イングリッシュ、ウエルシェ、スコティッシュ、アイリッシュという四つの「ネイション」が存在し、スコットランドと北アイルランドそしてウェールズでも、一定の自治が認められている。

現在のアメリカ合衆国は、一七七六年のイギリスからの独立によって、東部一三邦の国家連合（confederation, Staatenbund）として発足し、一七八九年から、アメリカ合衆国憲法の下で、連邦国家（federal state, Bundesstaat）に移行し、今日に至っている。同じく北アメリカ地域に属するカナダは、一八六七年憲法で、連合王国の自治領となったが、それは連邦制をとっており（連邦原加盟は四州）、その後連邦加盟州の数は一〇に増加しているが、その連邦的性格は変わっていない。ドイツにおける一八七〇年前後からの外的国家形態の変遷は複雑である。一八七一年のドイツ帝国憲法はそれに先行する北ドイツ連邦憲法をほぼ継承したが、連邦は帝国（Reich）に改められたものの、連邦参事会（Bundesrat）を連邦各国の統治権の現れとして残した。一九一九年のワイマール憲法においては連邦制がとられたが、一九三三年のナチスの権力掌握後、連邦制は事実上廃棄された。一九四七年のドイツ連邦共和国憲法の第二〇条第一項は、それが「民主的、かつ、社会的連邦国家である」ことを明記している。他方、イタリア王国が一八六一年に成立した時の政治制度は、サルディニア王国の一八四八年欽定憲法を修正したもので連邦制はとられなかった。ファシズム時代もこの点では同じである。一九四八年のイタリア共和国憲法でも、連邦制はとられていないが、地方公共団体として、県、コムーネ（市町村）の他に、固有の権限と権能を有する州（レジオーネ）が設けられたことは注目に値する（一一四条～一一七条）。

国家の外的形態の問題は、一院制か両院制か、両院制の場合、上院にあたる院の構成の仕方、垂直的権力分立、地方制度の態様などに重要な影響を与えるので、比較政治制度論の一基準として逸することができない。

4　権力分立

先に言及した「人および市民の権利宣言」（一七八九年）第一六条は、「権利の保障が確保されず、権力の分立が規定されないすべての社会は、憲法をもつものでない」と規定している。このように、権力分立は、近代市民国家、とくに近代立憲国家の不可欠の標識の一つと見なされている。この考え方は、ロック『市民政府論』における執行権（同盟権を含む）と立法権の分離に見出すことができるが、モンテスキュー（1689-1755）の『法の精神』第一一篇第六章「イギリス憲法」における立法、執行、司法の権力分立論が、後世に大きな影響を与えた。ロックやモンテスキューの権力分立は、国家職能の分立論というよりは、それぞれの職能の荷い手として実体的政治勢力を予想する権力分割論だったし、さらにモンテスキューの所論が、一七三〇年前後のイギリス憲政の実情と乖離していたという批判もある。しかし権力分立論が集中権力による人民の権利の侵害を防止するというリベラルなねらいをもっていたことは事実である。

しかし、その後、国家職能の分立論ないし政府機関間の「抑制均衡」論として理解されるようになった権力分立論が、(6)で論じるアメリカ型のいわば絶対的な権力分立―抑制均衡論と、イギリス型の、内閣をバンドのしめ金とする下院と行政部との結合を基本的特徴とし（バジョット）、内閣の議会解散権と議会の内閣不信任決議権のバランスとして副次的に用いられる型を、はっきり区別することが、比較の観点から重要である。

5　代議制

代議制（representative government）とは、J・S・ミル（1806-73）が『代議政治論』（一八六一年）で述べたように、「人民全体もしくはその大部分が自ら定期的に選んだ代表を通じて、かれらが完全な意味で保有している最高の政治権力を行使する統治構造」である（辻清明）。代議制の母国は、一七世紀末以降のイギリスと一般に見なされている。ここで問題となるのは「代表」ないし「国民代表」の観念である。中世の身分制議会では、諸身分を代表する議員は、彼らが代表するそれぞれの身分の指令に従って行動していた。これは法理的には委任代理関係である。ところが近代議会主義においては、地域的に区分された選挙区から選出される議員と議会は、一体的国民の代表、代表機関であって、選挙区からの拘束委託や指令に服してはならないと主張され、議員は議会で自由討論と自由投票を行うべきとされた（この点を主張したE・バーク（1729-97）のブリストル演説は有名である）。しかしながら、一方において、一八七一年のパリ・コミューンやそれを支持したマルクスの『フランスの内乱』に見られるように、急進主義者の側から、民衆から選出された公職者は選挙民の「拘束委任」（mandate）に服すべきで、それに服さない公職者はリコールさるべしという論議が高まり（この議論はロシア革命後旧ソ連のソビエト=評議会制度に引き継がれた）、他方において、普選の実現、大衆デモクラシーの出現に伴う、政党の名望家政党から、院外投票獲得組織と厳格な党規律をもつ大衆政党への転換の結果として、議員は党議、党規律に服さざるをえなくなった。古典的代議制（議会制）の大衆デモクラシーへの転換に伴って、代表観念も、先に触れた「純枠代表制」から「半代表制」への転換を余儀なくされた。この転換が、どのような諸条件のもとで、どのような特徴をもって進行したかは、比較の一つの焦点となろう。

6　議院内閣制と大統領制

代議制の統治構造を、議会と執行権との関連に着目し、政治的執行部の構成方法という点に絞って比較すると、四つの類型を析出しうる。その第一は、イギリス型の議院内閣制度であり、議会多数（一八七〇年代以降は総選挙で多数を得た政党）によって首相が選出され、首相が政治的執行部としての内閣を構成する型である。すでに述べたように、イギリス型の議院内閣制においては、首相と議会との間には解散権と不信任決議権の対抗という抑制均衡があるが、第三、第四共和制下のフランスの議会制においては、首相に議会に対抗する力が与えられていず、内閣の成立と存続は議会の意向に従属せしめられていた。なおカナダ憲法とドイツ基本法はイギリス型に入る。

第二はアメリカの大統領制型で、政治的執行部としての大統領と議会との間に厳格な権力分立が貫かれている場合である。大統領と議会側との関係は、独立政治主体間の接触・接渉を通じて作られる。なお、アメリカの大統領は、今日でも形式的には州ごとに選出される選挙人団による間接選挙によって選ばれるが、選挙区の利害に拘束されがちな議会（とくに下院）に比して、「国民代表」としての性格をより強くもっている。

第三の類型はスイス型会議制で、政府は四年任期でそれぞれ議会で選出される七名の大臣によって構成され、一年交替の大統領を議長に据えた会議制をとっている（田口晃）。

第四の類型は、大統領型と議院内閣制の混合型で、大統領と首相の二重執行部型とも呼ばれ、執行権、とくに大統領の強大な権限と、それと対照的な議会権限の制限によって特徴づけられる。フランス第五共和制の政治体制、大韓民国憲法、九三年一二月に改正されたロシア連邦憲法がこのカテゴリーに入る（吉田善明）。

7　司法部の政治的役割

西側先進国における司法制度は、すべての裁判が司法裁判所で処理される英米型一元制と、通常の裁判は司法裁判所で、行政争訟は行政裁判所で扱う大陸型二元制に大別される。

司法部の政治的役割がとくに重要となるのは、違憲立法審査制や、法令審査を行う憲法裁判所などを設置している場合である。アメリカ合衆国では、一九世紀の初頭に違憲立法審査制が確立され、日本は戦後に、カナダは一九八二年憲法でこの制度を導入した。

大陸法系諸国では、二元的裁判機関とは別に、法令審査を行う憲法裁判所を設置している。ドイツ、イタリア、オーストラリア、ロシアなどである。またフランスでは、第五共和制憲法のもとで、立法、行政の濫用を抑制する意図で、憲法院（憲法評議会）が設置されたが、一九七四年一〇月の憲法改正により、法律違憲審査の申立権が拡げられたため（第六一条第二項）、人権保障としての役割が活発化している。ただし憲法院の裁定期間には制限がある（第六一条第三・四項）。（吉田善明）。

8　地方制度

地方制度は、国民国家=国民社会の、国家と市民社会との関係類型――フランスの政治社会学者Ｐ・ビルンボームは、これを、フランスを典型とし、プロイセン、スペイン、イタリアがその系統に属する「国家統治型政治システム」と、アメリカ、イギリス、そして多極共存型民主政*のスイスなどの「市民社会自己統治型政治システム」に二大別している——とも密接な関連をもつ比較要因である。

＊　多極共存型民主政（consociational democracy）とは、スイス・オランダなどの、「中心も完全な国家ももたない政治システム」（ビルンボーム）、あるいは、「多種多様な集団が多数決原理によらず、譲歩・寛容の精神に基づく協議によって紛争を解決しうる政治システム」（A・レイプハルト）として定義されている。

すなわち、この政治システムの二類型に対応して、J・S・ミルのいう「自主的集権」ないし「知識的集権」（「権力的分権」）を特徴とする英米型の地方制度と、「権力的集権」（行政的分権）を特徴とする大陸型が区別されてきた。もっとも最近では、後者においても地方自治体の長が地域住民によって選挙で決められるようになっているから、これだけでは制度の性格がわからない。そこで、集権—分権の軸に加えて、中央の仕事と地方の仕事の協力の仕方（分離か融合か）の軸を加えて、英米型を分権・分離型、大陸型を融合型ないし密接協力型とする分類もあらわれている（村松岐夫）。いずれにしろ、国と地方、中央政府（連邦制の場合には、連邦政府、州政府、地方政府）との権限上、業務上の関係とその変容が、比較政治制度論の研究の一つの焦点ないし論点となる。

9　政党と選挙制度

憲法典に政党に関する規定が置かれているかどうかにかかわらず、大衆デモクラシー下における統治構造の運用は、政党と政党システムの媒介抜きでは考えられない。例えばイギリス型の議会政治、議院内閣制は、実質的には政党政治であり、政党内閣であるし、アメリカ型の大統領制の運営も、分権的・ローカルで叙任権政党の類型に属する共和・民主二大政党の同質的な二大政党制と相互規定的である。

さらに、政党構造と政党システムの態様は、それぞれの国の利益集団の配置状況、政治文化の特徴などとともに、そこで採用されている選挙制度、とくに選挙区制と投票方法によってかなりの程度、左右される。さきに言及したデュヴェルジェが、その古典的名著『政党』（一九五一年）において、一回だけの多数投票（多数代表制）が二党制を結果し、二回投票制および比較代表制が多党制をもたらすであろうと論じたことは、有名である。

いずれにしろ、政党は現代政治の生命線なのであり、政党構造、政党システムの比較研究、および政党のあり方に、したがってそれぞれの国の政治のあり方に多大の影響を与える選挙制度の比較研究は、重要な課題である。

3　近代政治制度の現代的変容

一九世紀末から二〇世紀初頭にかけて、近代国家は現代国家へと大きく転換する。近代国家の現代的変容といいかえてもよい。この転換・変容の実体的内容をなすものは、国家機能、とくに国家行政機能の量的膨張と質的変化、それに伴う近代国家の統治構造における執行権優越の傾向である。これらは、夜警国家から職能国家への、自由放任国家から介入主義国家（その内容として重要なのは、国家の経済的介入と社会保障・社会福祉などの引き受けである）への、立法国家から行政国家への転換・変容などと呼ばれている。その経済的・社会的・政治的背景をなしているのは、資本主義の高度化と工業化・都市化の進行、大衆デモクラシーの成立に伴う勤労大衆の経済的・社会的同権化の要求の増大と彼らを体制に統合していくための必要（その結果としての福祉国家化）などであるが、ここではこれ以上立ち入らない。

いずれにしろ、消極国家から積極国家への転換・移行に伴って、古典的な一九世紀の統治構造・政治制度には、前節で述べたような諸国の制度的・構造的相違にかかわらずある程度共通の傾向が現れてきた。

第一には、議院内閣制の政治制度をとると大統領制の政治制度をとるとにかかわらず、統治構造において、議会の権力的地位の低下、その立法機能の低下と、それとは対照的な執行権（とくにその頂点に立つ大統領や内閣）の権力的優位、実質的な政策決定（立法機能）の準独占などの傾向が現れてきたことである。さきにも触れたように、実体的に政党政府に他ならない議院内閣制において政権党の党首および幹部が構成する内閣が、与党の陣笠議員が多数を占める議会に対して優位を占めるのは見易い道理であるが（「内閣が決定し、議会が批判ないし監視する」）、厳格な権力分立制をとるアメリカ型の大統領制においても、一九三〇年代以降は、大統領の議会に対する威信面、権力面での優位は明確な傾向である。

第二に、政治的執行部において、その頂点に立つ大統領や首相への権力の集中化傾向が目立っている。この傾向をデュヴェルジェは、大統領・首相の「共和制的君主」化、「選ばれた君主」化と呼んでいる。それはアメリカの大統領、第五共和制下のフランスの大統領（とくにドゴールとミッテラン）、イギリスやドイツなど議院内閣制をとる諸国でも共通している（旧聞に属するが、英のサッチャーと独のコール）。

第三に、これは比較の観点からいってもっとも興味深い論点なのであるが、2の8で触れた「市民社会自己統治型」の政治システム――具体的にはイギリスやアメリカ――においても、企業官僚制のみならず、政府官僚制が形成されてくることである。そのきっかけとなったのは、第一次世界大戦、大恐慌、第二次世界大戦、戦後の再建期である。他方、後発資本主義国であるために、強大な国家と国家官僚制によって国民経済の創出と建設を推進してきた「国家統治型政治システム」——具体的にはフランス、ドイツなどにおいては、旧官僚機構が「都市型社会の管理問題」に対応するために、新官僚機構に役割変化していくことになる（松下圭一）。そしてこの新官僚機構の上層部（テクノクラート化したエリート官僚）が、経済・社会問題の計画化において重要な意思決定面での役割を果たす（テクノストラクチャー）とともに、官僚機構全体が、経済・社会問題の管理と政策の執行の任に当ることになる。以上のような文脈の中で、現代官僚制の構造と作動の実態の国ごとの比較を行うことは、興味ある研究課題である。

第四そして第五に、この新官僚機構ないし現代官僚制による社会・経済問題解決のための計画立案・政策履行・社会管理は、一方において、2の8で述べた、地方制度の現代的変容をもたらすと同時に、現代国家の政策決定・履行の構造に変化をもたらす。

まず地方制度の現代的変容の問題。経済計画、経済政策、フィスカルポリシイ、産業政策等は中央政府の経済官庁の比較的少数のエリート官僚によって立案され、行政雇客の誘導を通じて実施しうるが、社会保障、社会資本、社会保健など生活権にかかわる分野の行政は、中央政府が直接に履行することができず、その主たる荷い手は、地方政府＝地方自治体、より実体的には地方政府職員（および中央省庁の地方出先機関）である。地方自治体等の業務量、したがってまた職員数が増大してきたゆえんである。2の8で触れた、集権か分権かという軸のほかに、中央と地方の協力の仕方（分離か結合か）という軸が立てられるようになったのは、そのためである。介入主義国家における中央―地方関係の実情比較研究が必要である（日本の実情は新藤宗幸『地方分権』第2版、東大出版会〇二年）。

後者は、現代コーポラティズムの問題である。ファシズム期の国家コーポラティズムと対照させられる新しい社会的コーポラティズムについては、さまざまな理解がある。しかし、最大公約数的理解としていえば、それは、経済界の諸団体と労働組合を双璧とするさまざまな職能団体が、既存の議会政治の枠組を一応の前提としつつ、主として経済政策、なかんずく所得政策において、政府の政策の形成と執行とに制度的に組み込まれた体制である。この利益代表および政治的統合形態としての新コーポラティズムが、議会政治と補完関係に立つのか、代替関係にあるのかについても議論がある。ともあれ、コーポラティズムがほとんど存在していないといわれるアメリカ合衆国のケースを含めて、先進諸国における新コーポラティズムの態様の相違とその諸原因の追求は、今日における比較政治研究の重要課題の一つであろう。

第六に、現代政治におけるビジネス、労働、農業などの巨大組織の果たす役割との関連で、憲法学者たちが、人権の私人間効力、あるいは人権規定の私人間への適用と呼んでいる問題に、政治学、比較政治学の観点から一言しておこう。日本の政治学者たちの間では、まだ本格的に論じられていないが、アメリカの政治学界においては、例えば、R・ダールのような学界の長老が、この問題を多元主義的民主政のジレンマとして論じている。その要旨は、自主性をもつ多元的諸組織、集団諸利益は、現代民主政の社会的基礎を構成するが、同時に巨大化した諸組織、集団利益が現代民主政にとって脅威ともなっているという逆説的状況が生じている。とくに、巨大企業が、すでに公共的性格を事実上有しているにもかかわらず、その経済的権力を私的で正当性をもたない目的のために行使し、公的議事日程を歪曲し、公的問題の私的コントロールに導いているというのである。大企業の反公共的行為には、政治的買収・腐敗などとともに、私人の人権に対する侵害や抑圧も含まれるであろう。もちろん、諸私人（個人）の人権を侵害する巨大組織には、巨大労組、大組織政党等も含まれうるが、今日の人権をめぐる状況においては、国家その他公共権力からの人権侵害のみならず、このような巨大組織による人権侵犯への法的社会的対抗策が考えられなければならないであろう。先進諸国におけるこの辺の状況と対応の比較研究は、政治学と憲法学との共同の課題となるであろう。

近代政治制度の現代的変容という課題とかかわって、取り上げるべき問題はなお沢山残されているが、ここでは紙幅の都合で割愛せざるをえない。

しかし、最後に比較政治論のレーゾン・デートルにもかかわる逸することができない大問題が一つある。この講義で論理的に前提とされたのは、近代国家、とくに近代国民国家の観念であり、それゆえに、諸近代国家の政治制度の比較の理論的枠組構築の論理的出発点を、主権——国家主権と国民主権——の概念に設定したのであった。

しかしながら、近時、論壇と学界（とくに政治学、国際政治学、国際法学など）の両方において、「国民国家」の観念のフィクション性が指摘され、国連その他の国際機構の発展、ＥＣ統合の進展に象徴されるようなスプラナショナルな地域機構の展開、さらに生産や金融のトランスナショナライゼーション——その象徴が、グローバルにその活動を展開する多国籍企業である——の進展などを裏づけとして、国民国家、主権国家のゆらぎが論じられるようになっている。また日本における代表的政治学者、自治体研究者である松下圭一によって、都市型社会への移行に伴って、伝統的な「主権国家」概念を廃棄し、政府概念を、自治体、国、国際機構の三つのレベルで捉えられるべきだという提唱もなされている。

もし国家主権概念や国民国家概念が完全に破産し、崩壊したとするなら、それらを前提とした比較政治制度論、比較政府論という政治学の一分科も早晩成り立たなくなってしまうだろう。

もともと近代の世界システムは、世界資本主義経済という資本主義的分業システムと、その内部での多数の分立的政治単位（国家）が構成する国際的国家システムから成り立っている（ウォーラースティン）。換言すれば、個々の民族＝国民国家は、経済的には「世界市場」の枠内に、政治的には「諸国家の体系」の枠内に置かれている（マルクス）。

資本主義における経済と政治は国際的にも相対的に分離されながら、相互に結びついている。世界経済と国際政治は相互に影響を及ぼし合う。しかし、第二次世界大戦後の世界経済におけるように、生産資本のトランスナショナライゼーションが進行し、国際的な相互依存関係が深まれば、そのことは主権的国家国家の自立性という大前提と、国際政治システムの構造そのものに強い衝撃を与える。これはグローバリゼーションの問題として論じられている。

この点について興味深い議論を展開しているのは、アメリカの国際政治学者のJ・ロズノーである。彼は、ポスト産業主義の力が地球上に拡がるにつれて、国益中心で権力政治によって特徴づけられる伝統的な国際システム(「国民国家システム」)は、従来の伝統的な「国家中心的システム」と「トランスナショナルな多中心的システム」とに分岐していくという。そして、違う原理に立つこれら二つの世界ないしサブシステムは相互作用を行っているのであるが、両者の関係はなお不安定であるがゆえに、「ポスト国際政治の時代」は大動乱を免れないというのである。

右に簡単に要約したようなロズノーの議論から、われわれが比較政治の方法論にとって、いかなる示唆を読み取ることができるのであろうか。われわれはもはや各国の政治制度や統治構造を、古典的な国民国家システムを構成する自足的な主権的主体として取り扱い、それらを単純に相互に比較するという従来の方法だけですますことは、できなくなるであろう。それらを、伝統的な「国家中心的世界」の文脈においてだけでなく、しばしばそれと抵触する「トランスナショナルな世界」の文脈および関連においても、比較考察することが必要とされるであろう。やや具体的な例を挙げれば、EC＝EU統合の進展の中で、フランス、イギリス、ドイツを含むEC加盟国の政治制度が、EC法というスプラナショナルな共通の法規範によってどこまで共通で、どの点で種差的な影響を受けることになるのか、あるいはまたEC＝EUの統合の進展によって、その域内の中心—周辺の構造のみならず、各加盟国の地域構造にどのような変化が現れてくるのかというような論点が、比較の問題として新しく提示されてきているということである。

グローバリゼーションと「分岐せる世界」の構造によって新しく提示されたこれらの課題にどう答えるか、それは方法と実証の両方にまたがる、比較政治論にとっての新しい挑戦なのである。

〔田口富久治〕

【参考文献】

①蠟山政道『比較政治機構論』岩波書店、一九五〇年
②佐藤功『比較政治制度』東京大学出版会、一九六七年
③樋口陽一『比較憲法〔第三版〕』青林書院、一九九二年
④田口富久治他『現代世界の政治体制』青木書店、一九八四年
⑤宮沢俊義編『世界憲法集〔第四版〕』岩波文庫、一九八三年
⑥高木・末延・宮沢編『人権宣言集』岩波文庫、一九八一年
⑦樋口陽一・吉田善明編『解説世界憲法集〔第三版〕』三省堂、一九九四年
⑧阿部照哉編『比較憲法入門』有斐閣、一九九四年
⑨Finer, H., *The Theory and Practice of Modern Government*, 1950.
⑩Friedrich, C. J., *Constitutional Government & Democracy*, rev. ed., 1950.
⑪Loewenstein, K., *Political Power and the Governmental Process*, 1957.
⑫Almond, A. A, & Powell, Jr. G. B., *Comparative Politics : A Developmental Approach*, 1966. 6th. ed. 1996.
⑬的場敏博『政治機構論講義』有斐閣、一九九八年
⑭小野耕二『比較政治』東京大学出版会、二〇〇一年
⑮秋月謙吾『行政・地方自治』東京大学出版会、二〇〇一年

⑯デヴィッド・ヘルド編／中谷義和監訳『グローバル化とは何か』法律文化社、二〇〇二年
⑰賀来健輔・丸山仁編著『政治変容のパースペクティブ』ミネルヴァ書房、二〇〇五年
⑱岩崎美紀子『比較政治学』岩波書店、二〇〇五年
⑲山口二郎・宮本太郎・坪郷実編著『ポスト福祉国家とソーシャル・ガヴァナンス』ミネルヴァ書房、二〇〇五年
⑳レイプハルト／粕合訳『民主主義対民主主義——多数決型とコンセンサス型の36ケ国比較研究』勁草書房、二〇〇五年
㉑レームプルッフ／平島訳『ヨーロッパ比較政治発展論』東京大学出版会、二〇〇四年

第1章　イギリスの政治制度

本書の序章において、各国の政治制度を比較するための諸指標が提示されていた。それらは第一に主権、第二に市民権、第三に単一国家と複合国家、第四に権力分立、第五に代議制、第六に議院内閣制と大統領制、第七に司法部、第八に地方制度、第九に政党と選挙制度である。序章ではこれらに関する現代的変容も述べられているので、本章ではこれらの視点に沿いながらイギリスに関して述べる。

1　イギリスの国家

1　国家主権と市民権

イギリスの名称は「グレイト・ブリテンと北アイルランドの連合王国」（The United Kingdom of Great Britain and Northern Ireland）であるが、その国家主権は、ロンドンの連合王国議会に掌握されている。この意味でイギリスでは議会に主権があると言われたが、市民権は、この議会によって決められた法令を中心とする法体系によって保障されてきた。

この法体系の基本が憲法であるが、イギリスは憲法典を持っていない。それにかわる憲法的法源は、一九七二年までは、議会によって決められる法令、コモン・ロー、慣例、権威ある典籍の四つであった。これらの中で最も優先的位置にあるのが重要な諸法令である。コモン・ロードは裁判の判例や国王大権などによって成り立ち、慣例には議会における大臣の責任や議会が可決した法案に対する国王の裁可などがある。重要な典籍には憲法や議会に関する古典的な書籍が含まれ、例えばダイシーの著作などが重視される。

しかしながらイギリスが一九七三年にＥＣ（ヨーロッパ共同体、現在はＥＵ）に加盟して以来、ＥＵ法は第五の法源と言っても過言ではない位置を占めている。イギリス国民は、ＥＵ法を使って国内裁判所やＥＵ裁判所に訴えることによって、その市民権を擁護できるようになった。しかしＥＵ法の立法には連合王国議会は直接関与することはできないし、イギリスの国内法に対してＥＵ法が優越しているので、今や議会主権は大きく制約されてきている。さらに議会の主権は、後に述べるように、一九九九年からの諸地域議会（および協議会）創設によってさらに削減され、二一世紀には構造的に後退すると思われる。

2　複合国家

日本語のイギリス（英吉利）という呼称は江戸時代から使われており、イングランドを意味するオランダ語が語源であると言われている。現代でもイギリスの語を和英辞典で調べると、イングランドと連合王国の両方の意味があると書かれているのが一般的である。実は英語でも「イングランド」（England）はブリテン島南部の特定の地域を意味するばかりでなく、イングランドが支配する領土全域を指す。特に後者の意味では、一九世紀では世界帝国であり、現代では連合王国である。一九世紀の帝国は現在では衰退しており、帝国の名残としては五三カ国よりなるコモンウェルスが残っているが、植民地や属領は、すでに経済的意味を失った一四の島や群島に過ぎなくなっている。現代のイギリスは事実上連合王国であるが、ここでもイングランドは支配のヘゲモニーを維持している。

図1-1にあるように、スコットランドの人口は五〇八万人であり、これは総人口の八・五%にすぎない。この地域は、中世においては独立した王国であったが、一七世紀にイングランドの支配下に入り、一八世紀以来イングランドと連合王国を形成して現在に至る。ところが一七〇七年に連合王国を形成したとき、スコットランドの首都エディンバラにあった議会は廃止され、主権はロンドンに一元化された。しかしスコットランドの統治は容易ではなく、結局司法や宗教および教育については独自性が認められてきた。

ウェールズの人口は二九五万人、総人口の四・九%である。この地域は独自の文化を持つが中世末期に連合王国に併合された。この地域も特に言語的独自性があり、イングランドから自治を獲得しようとする傾向が強い。北アイルランドは現在一七一万人であり、これは総人口の二・九%である。アイルランドは中世以来イングランドの支配下にあったが、一八〇一年から連合王国の一部となった。しかし永い紛争の後、南部二六州が一九二二年に事実上の独立を果たし、一九四九年にアイルランド共和国となった。連合王国に残された北部六州は、一九二二年に自治が認められた。しかし一九六八年代から独立運動が激しくなり、多くの犠牲者が累積された結果、一九七二年以来ロンドンの直接統治となって現在に至る。北アイルランドでは、イングランドやスコットランドからの移住者とアイルランド人との間では、言語や文化および宗教も異なり、歴史認識の溝も深く、両者の和解は極めて困難である。

このようにイギリスでは各地域に独自性があり、これは永い歴史を持つ民族的対立に基づいているので、連合王国の国民としての一体感は極めて弱い。仮に連合王国の国民意識をブリテン人としての自覚とすれば、これは人口

図1-1　イギリスの概観

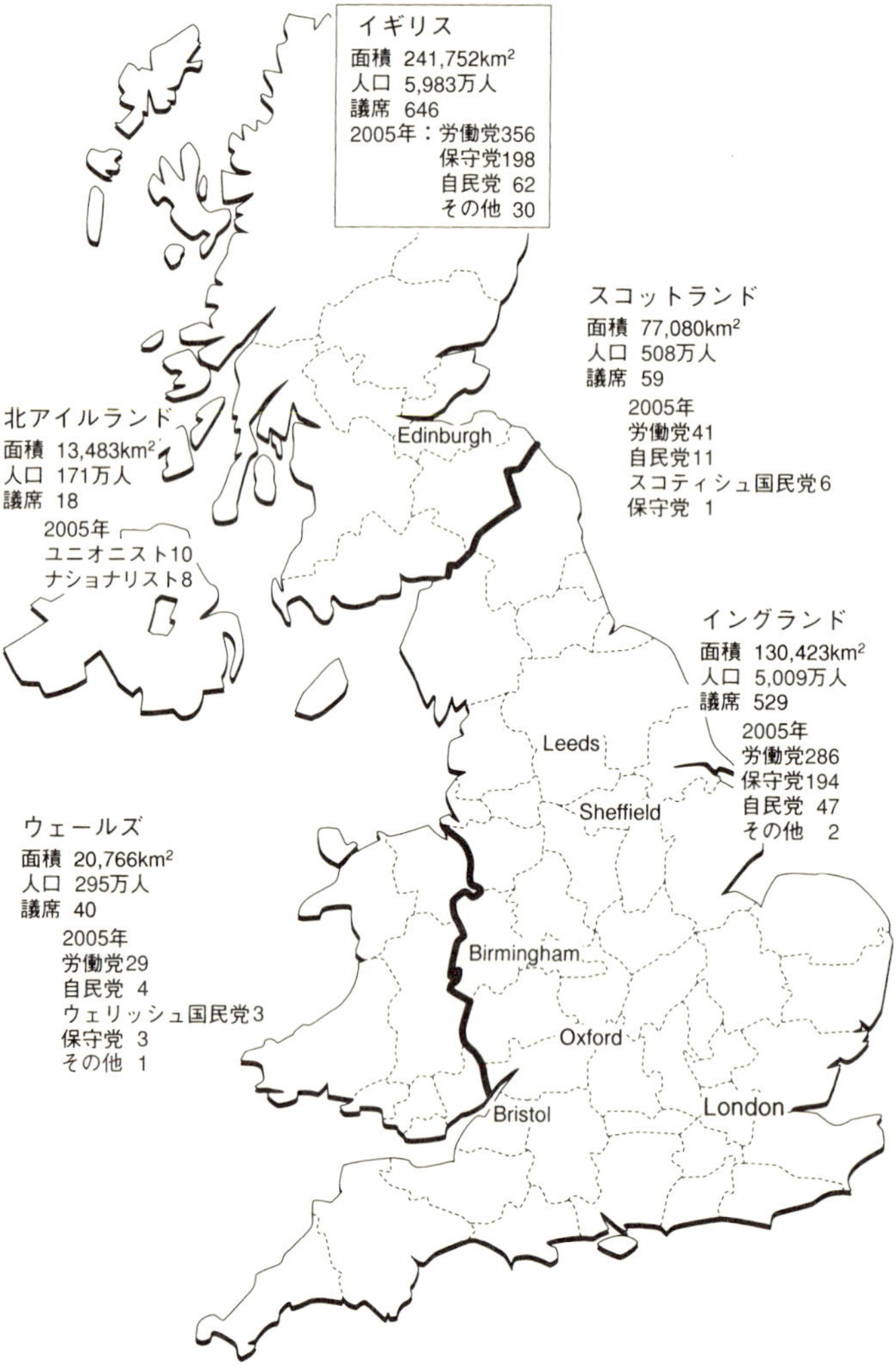

イギリス
面積 241,752km²
人口 5,983万人
議席 646
2005年：労働党356
保守党198
自民党 62
その他 30
スコットランド
面積 77,080km²
人口 508万人
議席 59
2005年
労働党41
自民党11
スコティシュ国民党6
保守党 1
北アイルランド
面積 13,483km²
人口 171万人
議席 18
2005年
ユニオニスト10
ナショナリスト8
イングランド
面積 130,423km²
人口 5,009万人
議席 529
2005年
労働党286
保守党194
自民党 47
その他 2
ウェールズ
面積 20,766km²
人口 295万人
議席 40
2005年
労働党29
自民党 4
ウェリッシュ国民党3
保守党 3
その他 1
Edinburgh
Leeds
Sheffield
Birmingham
Oxford
Bristol
London

の三割程度の人々に限られており、他の人たちは、イングランド人やスコットランド人あるいはウェールズ人やアイルランド人という中世からの国民意識を維持している。また国家の法制度も各地域で異なる面があり、それぞれの自治を認めてきている。したがってこのような点から考えると、イギリスは、たしかに連邦制国家ではないとしても、広義の複合国家に含むことができると思われる。

3　準連邦国家化

二〇世紀末以来、イギリスは準連邦国家化の過程にある。北アイルランドに関しては、イギリス政府は単独でこれを解決する能力を持たず、アイルランド共和国政府とアメリカ合衆国政府の協力を得てその解決に当たってきた。一九九七年から政権を担当している労働党のトニー・ブレア首相は、北アイルランドに自治を回復する道を選択し、一九九八年の住民投票により、北アイルランド議会の復活を決定した。この議会は同地方の帰属先を左右する重要な任務を帯びているが、今もなお、連合王国派であるユニオニスト過激派と、アイルランド共和国派であるナショナリスト過激派の間の溝は深く、議会が十分機能するかどうかは不透明である。しかしブレア政府は、北アイルランドの将来に関して同地域の判断に委ねる傾向にあり、この地域がこれまで以上に強い自治権を掌握したことは明らかであろう。

スコットランドは、前述のような独自性を持ってきたが、これはロンドンの連合王国議会による統治の枠内での自治であった。したがってスコットランドの独立や自治拡大の運動は一九世紀以来絶えることがなかったが、特に一九七〇年代以降強くなり「スコティシュ国民党」（Scottish National Party）の活動も盛んになり、この政党は現在では連合王国議会に六議席を持っている。一九九七年に労働党政府は住民投票を行い、七四・三％の賛成を得て、

「スコットランド議会」（Scottish Parliament）を一九九九年に設置した。スコットランド議会は、健康、教育、地方自治、住宅、経済発展、法、環境、農業、森林、スポーツなどに関しての広い権限を持つほか、租税についても関与する権限を持っている。しかもこれらの諸項目に関しては、スコットランド議会は、連合王国議会で決められた法令を修正および廃止することもできるし、新たな法令を立法することもできる。ロンドンに残る権限は、外交、国防、全国的経済通貨政策、雇用、社会保障、運輸の安全などに関する事柄である。

ウェールズに関しても、一九九七年の住民投票の結果、五〇・三％の賛成で一九九九年に租税権を持たない「ウェールズ協議会」（The Assembly for Wales）が設置された。この議会にはスコットランドに類似した項目が委譲されたが、連合王国議会はウェールズ協議会の決定を無効にする権限を留保しており、ウェールズの自治はスコットランドのそれに比べて弱くなっている。

このような地域分権の抜本的な進展は、イギリス連合王国の国家構造を根本的に変容させることになった。労働党は、このような分権によって連合王国はむしろ安定的に維持できると述べているが、換言すれば同党は、もはや近代成立以来の連合王国の構造をそのまま継続することは不可能であることを認めているわけである。他方スコティシュ国民党はこの分権を独立の一歩とみなしているが、同党が独立にとって十分な支持を将来獲得できるかどうかは明らかではない。しかし一九九九年以降は、従来イギリス近代国家の中心的な位置にあったロンドンの議会主権が、ボグダノーも言うように、一種の準連邦国家の主権へと後退したことは確実であり、連合王国は本質的な変容過程に入ったと言わざるを得ない。

2 統治機構の構造

本書の序章において示された比較のための視点のうち、ここでは、権力分立、代議制、議院内閣制と大統領制、司法部について考える。ロンドンのウェストミンスター議会は君主と貴族院と庶民院によって成り立っているが、図1-2のように、議会の中心には庶民院がある。首相は事実上庶民院によって選ばれ、庶民院によって解任されるところから、イギリスの統治機構は議院内閣制と呼ばれている。庶民院は内閣を従え、内閣は政府機構を管理する。この意味では議院内閣制は、政府と議会が対等になる三権分立制ではなく、議会優位の制度である。さらに議会は司法機関との関係でも優位に立っている。最終審の裁判所は貴族院であり、この点に限って言えば、裁判機構は貴族院に従属している。事実上の最高裁判所が議会に統合されているので、司法府が議会立法の内容を審査することは困難である。しかし二〇〇五年の「憲法改正法」によって最高裁判所が新設されることが決められ、その準備が開始された。イギリスにおいても立法と司法の分離がやがて行われることになる。

図1-2　イギリスの統治機構

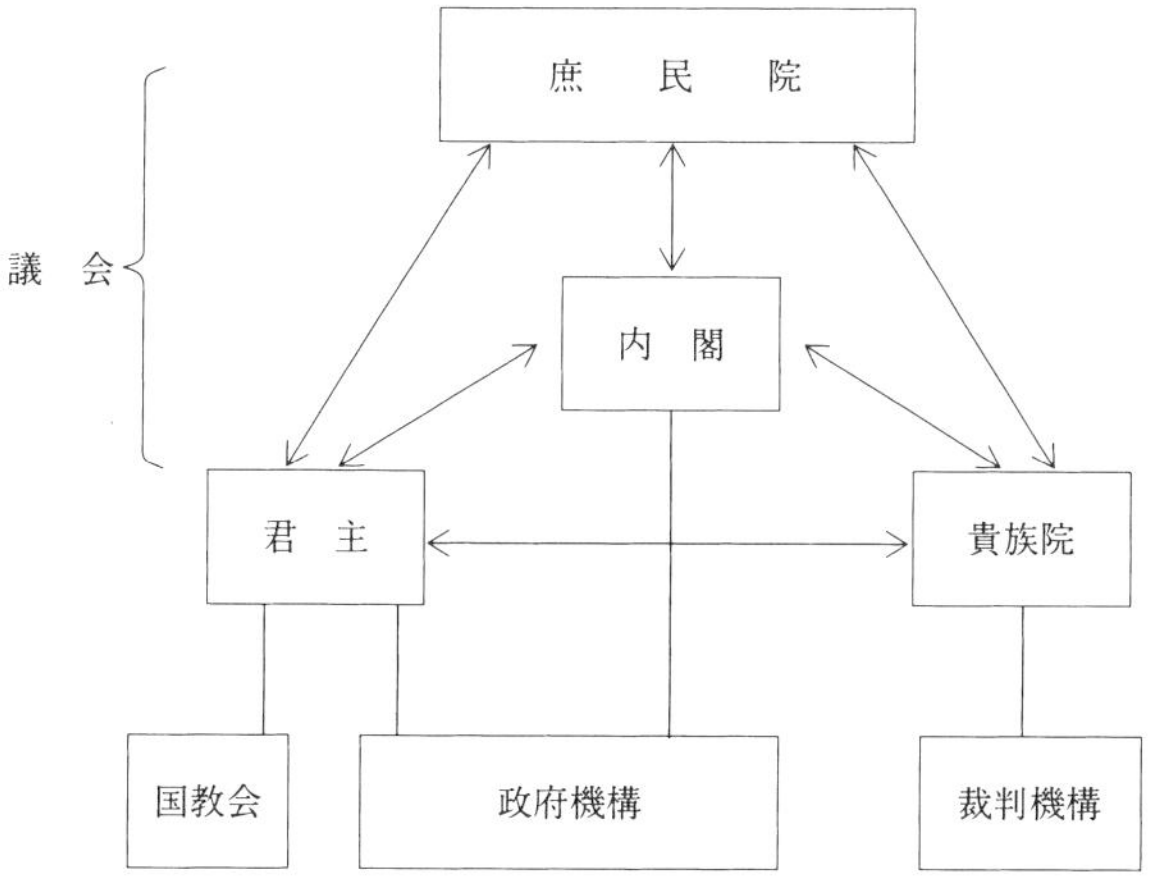

庶民院は君主の大権や宗教的権限をも自己の下においている。とくに首相は君主を自己の助言で管理することによって、外交特権などはもちろん貴族の創設や叙勲をはじめとして裁判官の人事にいたるまで広範な権限を掌握している。さらに君主はイギリス国教会の総裁でもあるから、議会は国教会の内部規則を議会立法で決定するし、首相は重要な聖職者の人事にも関与する。内閣は庶民院に多くの法案を提出し、これを通過させ、貴族院でも一定の承認を得なければならない。

3 庶民院

1 首相の選出

アメリカの大統領制においては、国民は国家および政府の長としての大統領を選出するとともに、立法府の議会議員の選挙を行う。しかし議院内閣制では、この二つの選挙を一回の議会議員選挙で行い、議会が政府を創出する。ところがイギリスの場合、議会で首相を選ぶ選挙制度がない。その原因は、イギリスの議会が首相選出にあたって君主の関与を完全に否定できないところにある。首相の選考については、庶民院の最大党の党首が任命されると言われることが多いが、実は保守党では、一九六五年以前は、君主によって首相に任命された者がその後に党首に選ばれていた。したがって表1-1にある戦後の保守党の首相に関して言えば、党首の地位が先行しているのはヒース、サッチャー、メイジャーの三人のみである。しかし一九六五年以降は党首選出選挙制度が作られ、今日では毎年党首選挙が行われるので、党首選出が首相任命よりも先行するようになった。また労働党は一九二二年より党首選出制度を持っているので、党首以外の者が首相に任命されることは考えにくい。

表1-1　戦後の首相と選挙

首相		総選挙	議席数			
党	氏名(就任年，月，日)	年，月，日	保守党	労働党	その他	総議席数
労	C. Attlee（*1945，7，26）	1945，7，5	210	393	37	640
		1950，2，23	298	315	12	625
保	W. Churchill（*1951，10，26）	1951，10，25	321	295	9	625
保	A. Eden（1955，4，6）					
		1955，5，26	345	277	8	630
保	H. Macmillan（1957，1，10）					
		1959，10，8	365	258	7	630
保	A. Douglas-Home（1963，10，18）					
労	H. Wilson（*1964，10，16）	1964，10，15	304	317	9	630
		1966，3，31	253	364	13	630
保	E. Heath（*1970，6，19）	1970，6，18	330	288	12	630
労	H. Wilson（*1974，3，4）	1974，2，28	297	301	37	635
		1974，10，10	277	319	39	635
労	J. Callaghan（1976，4，5）					
保	M. Thatcher（*1979，5，4）	1979，5，3	339	269	27	635
		1983，6，9	397	209	44	650
		1987，6，11	376	229	45	650
保	J. Major（1990，11，28）					
		1992，4，9	336	271	44	651
労	T. Blair（*1997，5，2）	1997，5，1	165	419	75	659
		2001，6，7	166	412	81	659
		2005，5，5	198	356	92	646

〔注〕保：Conservative Party，労：Labour Party. *印は選挙勝利による就任

しかし庶民院で過半数の議席を持つ政党が存在しないときは第二党と第三党の連立の可能性もあり，どの党の党首を首相にすべきであるかという問題が発生する。一九七四年二月の選挙において，それまでの政権党であった保守党は第二党となったが，第一党の労働党も過半数議席に届かなかった。そこで保守党は第三諸党との連立を模索して失敗したが，このときの労働党首相誕生に関しては政治的緊張が伴った。今後もし，類似した状態において連立に際して混乱が起きれば，首相選びは非常に困難になり，最終的には君主の任命権が実効的意味を持つことも考えられる。また国民的危機に際して全政党が協力すべきであると考えられるときも事情は異なっており，このときは

最大政党にこだわらず、国民政府にふさわしい指導者が選ばれなければならない。

イギリスの庶民院に首相指名選挙があればこのような問題は避けることができるが、たとえそうであっても議会運営に関しては、常に同様の問題が伴う。現に一九七四年選挙で成立した労働党内閣は極めて不安定であり、同年一〇月に再び総選挙を行っている。議院内閣制における議会は、一方では国民の代表機関であり、国民の意見が分裂しているときもその分裂をそのまま反映した方がいい。しかし他方で議会は政府創出のための機関であり、この意味では安定した多数を必要とする。したがって議院内閣制は、代表機関と政権創出機関の両面の性格を持っており、両者は矛盾する場合もある。

2　立法機能

庶民院は首相創出機能の他にも重要な諸機能がある。その第一は立法であるが、第二に政府と行政機構の調査、第三に国政に関する討論、第四に報告、第五に国民代表等の諸機能が考えられる。第一の立法に関して言えば、庶民院は三読会制をとっている。第一読会は形式的な法案提出の手続きであり、第二読会で法案の概要の討論が行われるが、この段階では修正はできない。その後法案は関係する委員会に提出され、ここで各条ごとに精密な審議と修正が行われる。委員会では政府官僚は大臣に対する連絡などのために議場に入ることが許されているが発言はできない。本会議場には官僚は立ち入ることもできない。委員会で可決された法案は本会議に報告され、この報告段階で本格的な審議と修正を受ける。次が第三読会であるが、特別の政治的理由がない限りこれは形式的であり法案修正も受け付けない。

法案がもし庶民院に提出され同院を通過したのちは、これは貴族院に送られるが、貴族院での手続きは後に述べる。両院で通過した法律案は君主の形式的裁可の後法律として公布される。議員の任期は五年であるが、これは慣例である。会期は前述のように一年の全期間であり、会期と会期の間にも空白期間はない。だが、一年のうちで、クリスマスと復活祭および聖霊降臨祭と夏期間にはそれぞれ休会があるので、一年間の会期における審議日数は約一六〇日程度になる。しかし日数制限のないイギリスでは会期延長に関する争いはない。しかも任期の五年も、クリスマス休会なども、必要であれば議会の判断で変更することができる。

法案の各段階できわめて多くの採決を行うが、強行採決や牛歩戦術は行われない。採決の開始についてはこれを求める採決を行うこともできるが、法案の審議開始時期にあらかじめ採決の日程を決定しておく方式が取られることもある。また法案審議の健全な遂行のために重要な制度として、議員の利害関係の登録制度がある。登録しなければならない利害関係は、例えば議員が報酬をもらって役員などをしている会社名、雇用されていればその雇い主の名前、自営業であればその職業、弁護士などであれば主にサービスを提供している相手の名前、主な経済的支援者の名前、主な収入源である土地などの所在、特定の会社が発行している株の一％以上を持っているときはその会社名と所有株の金額などである。とくに株の場合には家族名義のものも公開しなければならない。株以外は金額の登録は必要ではないが、この登録制は市民の議員監視のためには重要な資料となる。しかも議員は発言に際して直接的利害関係について述べなければならず、利害関係法案の表決に加わることはできない。

3　その他の諸機能

庶民院の第二の機能が政府と行政の調査であるが、このために、質問の時間が法案審議からは独立して、しかもそれに先だって設けられている。質問は政府に向けられ、その回答としては文書と口答のいずれかを選んで求めることが可能であり、口答には補足質問が行われる。これは行政機関の強大化に対抗するための議会側からの反撃として設けられた制度であるが、現代では質問の持つ意味はますます増大している。

政府と行政の調査は、調査を専門に行う委員会の拡充によっても強められている。とくに一九七九年の改革によって、各省庁を担当する行政調査委員会が整備された。この委員会は例えば外務省関係を担当する外務調査委員会や教育省関係を扱う教育調査委員会をはじめとして、数多く設置されている。また政府を抑制する制度として「影の内閣制度」がある。これは野党第一党が作る内閣であり、与党の内閣を批判することを目的とする制度である。さらに与党を牽制するためにショート・マネー制度がある。これはこの制度確立に貢献したショート議員にちなんで呼ばれている制度であるが、野党にのみ資金補助を行い野党が政府官僚の援助にあずかれないハンディを補填しようとするものである。野党の党首などの政策研究費や調査費、また人件費として使うことができる。

庶民院の第三の役割は討論機能である。一日の日程の中で、八時からの延会討論の時間には、幹部議員ではなくむしろ一般議員が提出する問題に関して討論が行われる。この他にも討論を目的にする議論がある。例えば首相が書いた施政方針を読むことによって行われる女王演説に関する議論、緊急事態において一日の議事日程の冒頭に割り込む緊急延会討論、政府が決めた議題の討論に当てられるところの各会期中一五日間の政府討論日の議論、さらに野党が議題を決定できる各会期中一九日間の野党日における討論などである。

第四の機能が報告機能であり、イギリスの議会は毎日議事録を発行する義務を負っている。これは議会が国民の代表機能を果たすうえでは不可欠のものであり、その議論と質問への回答を含んだ議事録の正確さと迅速さには定評がある。しかも議事録は広く販売されており、本会議録のみならず委員会議事録も出版される。また今日では議会のテレビ報道も定着してきており、これも議会の報告機能にとって重要な媒体になっている。

第五が国民代表機能であるが、これにはいくつかの問題がある。まず議院の構成であるが、二〇〇六年現在では六四六名のうち、女性は二〇%の一二八名であり、女性が総議員の三〇%程度である北欧諸国に遅れている。また全議員の七七%は中産階級的諸階級であり、労働者階級はわずかに八%（残りはその他）にすぎず、国民的な階級構成が中産階級的諸階級が四三%、労働者階級五〇%であることに比較すると議員は階級的に偏っていると言わざるをえない。

4　貴族院と君主

1　貴族院

貴族院議員の内二六人は聖貴族である。聖貴族は国教会すなわちイングランド教会の大主教二人と主教二四人であり、他の宗派や宗教の聖職者を含んでいない。俗貴族はチャールズ皇太子などの王室貴族四人の他は、世襲貴族と一代貴族より成り立っている。世襲貴族議員は九二人である。残りの俗貴族約六〇〇人は一代貴族であるが、この一代貴族制度は一九五八年に創設されたものである。

一九五八年から今日までに創設された貴族のほとんどは一代貴族である。また世襲貴族は一九九九年の「貴族院法」によって生れながらの議員資格を失い、世襲貴族の中の九二人だけが代表となり貴族院議員として残ることになった。だから従来の世襲貴族優位の貴族院の構成は一代貴族優位の方向に転換した。世襲貴族と対照的に一代貴族は優れた能力を基準にして創設される実力主義に立脚しているから、貴族院の審議の指導権も一代貴族に掌握されてきている。

立法に関しての貴族院の役割は、要約して言えば二つの面がある。第一に、政府の歳入や歳出などの金銭問題にからむ法案であるところの「財政法案」については、庶民院でこれが可決されて貴族院に送付後一月以内に原案通りに可決されないときは、この法案は国王の裁可を経て法律となる。第二にその他のほとんどの法案でありかつ国民全体に適用される「一般法案」については、貴族院は法の成立を一年間引き延ばせるだけである。庶民院がある会期で可決した法案を貴族院が否決した場合、この同じ手続きを連続する二つの会期で合計二回繰り返したとき、この法案は法律となる。ただし、庶民院の最初の会期の第二読会可決から最後の可決の間には一年以上の期間がなければならない。第三に貴族院は庶民院の法案を修正することができるが、この修正院としての役割はよく果たされている。

2 君主

君主の大権について言えば、第一に君主が自由に判断して行使できる権限があるが、これは具体的には首相との会談における警告や奨励の権限である。首相は今日でも、週一回君主に謁見して国政について報告する義務があり、これは実際に行われている。このときの会談には秘書などの同席は認められておらず、内容は秘密にされている。君主は首相に自由に発言することができるが、これを外に漏らしてはならない。二〇〇六年現在、エリザベス二世は一九五二年以来五四年間も君主の椅子にあり、短期間首相職を掌握する者よりも国政に通じている面があるとも言われており、歴代の首相は、女王の助言は実効的意味を持っていると回顧している。

第二の大権は、大臣が行った判断と助言に従って君主が行使するが、この行為では君主の自由はない。たとえば、議会を通過した法律案に署名を行う裁可、あるいは議会の開会や外国の訪問などの多くの行為がある。第三に、君主の自由な判断と大臣の助言が混合している行為があるが、これには首相の選考や議会解散などの権限が含まれる。

5　行政機構

1　内閣とエイジェンシー

今日では首相がしだいにその権力を強化してきていることはよく指摘されている。首相は主要な大臣数人との会合を持ち、これが内閣内の内閣として、今日では制度化されてきている。その外側に内閣があるが内閣は多くの内閣内委員会によって支えられている。この委員会はそれぞれ数人の閣僚によって構成され現在は二〇を超えている。各閣僚は複数の委員会に所属するが、主要な委員会の議長は首相である。内閣内委員会は多くの場合課題別に設置され、各省は複数の委員会によって把握されている。内閣の閣僚の人数は二〇人程度であり、戦後変わることがないが、内閣を支える閣外大臣である副大臣と政務官を合わせた人数は次第に増加し、今日では一一〇人以上になっている。各閣僚はそれぞれの省では副大臣と政務官を従えており、合計五～六名の議員集団を通じて各省を統治する。

内閣とその周辺の議員集団を支えるのが「キャビネット・オフィス」（Cabinet Office）であるが、これは一九七〇年代までは五〇〇人程度のスタッフを持つ機関であった。しかしこれは一九九〇年代から拡大され、行政機関一般の管理にあたる「行政庁」を含み、大蔵省の政策部門の一部も吸収している。その人数も増加し、内閣官房というより内閣省と翻訳すべきであると思えるほど重要な機関になっている。

このような内閣省の拡大は一九八〇年代末からの行政改革の結果もたらされた。内閣とその周辺が「コア」と呼ばれ、これは政策の形成とその実行のモニターに徹することとされた。内閣が行政機構全体に責任を持つことに変わりはないが、実際の行政執行に関しては、下部の半自立的機関であるところのエイジェンシーに行わせることになった。今日では、事実上ほとんどの行政はエイジェンシーによって行われる体制が整えられつつある。

結果的に行政機構は、コアとエイジェンシーの連邦的な機構になったと言われている。エイジェンシーは以前の行政部局と比べて自立の度合いがやや高いが、その長官は、公務員と外部の人材との間の競争で選ばれることが多い。大臣はエイジェンシーの業務内容を「枠組文書」で長官に与えるが、これは予算と人員と行政目標などの大枠であり、この枠の中で、長官は創意工夫して業績を上げることが要請される。その際予算の流用や次年度繰り越しなどの自由も拡大されている。長官は業績で評価され、業績を上げなければ更迭される。エイジェンシーも五年ごとにその存続が検討され、問題があれば廃止を含めた処分をうける。

2　地方統治機関

まずイングランドの地方統治機構について述べるが、マーガレット・サッチャー首相は一九八六年に大ロンドン・カウンシルと広域メトロポリタン・カウンティ・カウンシルを廃止した。しかし大ロンドンは二〇〇〇年に大ロンドン・オーソリティーとして復活する。これは歳入徴収権限については制限されているが、公共交通機関、警察、救急サーヴィス、環境、都市計画についての権限を持っている。大ロンドン・オーソリティーは、直接に選挙された市長と、比例代表で選ばれた二五人の議会で構成されている。

イングランドにおける広域都市は大マンチェスターやウェスト・ミッドランドなどをはじめとする六つのメトロポリタン・ディストリクト・カウンシルとして維持されている。これは従来メトロポリタン・カウンティ・カウンシルの下にあったディストリクトの連合体でありメトロポリタンとしての自立した行政機構はもっていない。さらにイングランドでは二〇〇六年現在四七のユニタリー・オーソリティーが存在するが、これはその中にさらなる下位の地方統治機構をもっておらず、その意味で一階層の構造をなしている。イングランドにおけるその他の地域は三四のシャイアー・カウンティの下にある。各シャイアーはその下にディストリクト・カウンシルをおき、地方行政の一部を担わせている。ディストリクト・カウンシルは全イングランドで二三八にのぼる。

スコットランドでは一九九九年より設置された地域議会と地域執行府の下に、一階層の地方カウンシルを三二置いている。これは教育、社会サーヴィス、警察、消防、交通などを管轄する。ウェールズでもウェリッシュ協議会と執行府の下に一階層の地方カウンシルを二二置いている。北アイルランドにおいては北アイルランド協議会と執行府の下に二六の一階層の地方カウンシルをおいている。

6　選挙制度と政党制

1　選挙制度の諸問題

議会の代表機能で問題になるのが選挙制度である。イギリス庶民院は完全な小選挙区制をとっているので、全国が六四六の選挙区に分割され一つの選挙区が一人の議員を選出する。この制度の良いところは、諸政党の得票数の格差が誇張され議席数の大幅な格差が生み出される「誇張効果」にあると言われる。これによって、連合政権を必要とするような多党制的な事態を避け、選挙民が直接に政権担当者を見通すことができるとされ、選挙の政権創出機能が果たされると言われる。また小選挙区制の代表機能の特長としては、選挙民と代表の距離が近いこと、および選挙区毎の草の根組織を基礎とする政党組織の維持にとって便利であるということである。

しかし小選挙区制は代表選出制度としては問題を抱えている。例えば、戦後の死票の平均は総投票数の約半分になり、国民の半数が議会議員によって直接に代表されることがないのが現状である。さらに議員は、任期中においてその選挙区で対抗する議員を持たないので政治宣伝に関して独走するが、この間の宣伝力は選挙期間の宣伝力をはるかにしのいでおり、結果的に小選挙区制は現職優位の制度となる。さらに議会の代表機能は各市民に対して平等であるべきだが、この点でも小選挙区制は問題をはらんでいる。選挙で効率的に集票した政党とそうでない政党の格差が開き、異なる政党の支持者の間で、一票の価値が違ってくる。二〇〇五年選挙でも、労働党に投じられた全ての票数を当選議員数で割ると、二万六八二〇票になるが、保守党の場合四万四三〇五票であり、自民党では九万六四八二票になる。労働党支持者の一票の価値は、自民党支持者のそれの三・六倍になるのである。

このような批判の中で、一九九九年から開設されたスコットランド議会とウェールズ議会は、比例代表制を部分的に導入することになった。スコットランド議会の議席は一二九であり、そのうちの七三人は小選挙区制で選出され、五六人は比例代表制で選ばれる。またウェールズ議会の議員は六〇人であるが、そのうち四〇人は小選挙区制で選ばれ二〇人は比例代表制で選ばれるのである。

2　主要な諸政党

庶民院は事実上諸政党によって運営されているが、二〇〇六年現在の政党と議席について言えば、労働党三五六議席、保守党一九八、自由民主党六二、スコティシュ国民党六、ウェリッシュ国民党三、北アイルランド・ユニオニスト一〇、ナショナリスト八、その他三である。保守党は一八世紀に遡る永い歴史を持ち、昔は貴族的色彩をただよわせていた。保守主義は伝統を重んじて政治を行おうとしてきたので、観念的な理念に基づく党綱領などは必要ないとし、政策は党首がその時代に合わせて発表することになっている。政党は自覚的な指導者としての議員のゆるやかな仲間集団と考えられてきたから、一九六五年までは党首選出の制度すらなかった。党大会はあるが、これは院外の支持者への宣伝の機関であり、議員を拘束する内容を決めたりはしない。

保守党のイデオロギーとしてはトーリー主義と新保守主義があるが、一八世紀以来トーリー主義が保守党の主流であり、これは穏健で柔軟な保守主義である。新保守主義は、特にサッチャーとメイジャーが重視したものであるが、貧困に関しても個人の責任を問題にし、市場経済の自由な発展を第一に考えた。新保守主義に基づく政策は一九八〇年代に定着し、民営化や規制緩和などを実現させた。しかし他方でこの政策は、市場の矛盾を引き受けざるを得ない失業者や、その問題に心を痛める人々の反発をかい、一九九七年選挙では保守党は惨敗する。保守党は、単に膨大な議席を失っただけでなく、イングランド以外の地域で全議席を失い、党員数を一九七九年の一五〇万人から一九九七年の三〇万人まで激減させ、新たな保守主義イデオロギーの創出という深刻な問題も抱えることになった。二〇〇六年現在、保守党はようやくサッチャー主義を脱却しつつあり、次の選挙で労働党を打ち倒すことができるかどうか注目されている。

労働党は一九〇六年に、多くの労働組合指導者と中産階級的社会主義者によって作られた。組合と社会主義者の関係は第二次世界大戦中から戦後の一九四〇年代末まではうまくいったので、労働党は特にアトリー政権で福祉国家形成に貢献した。しかしその後組合が衰退したばかりでなく、左傾化した組合指導部と中産階級的党指導者のあいだの距離が開き、労働党は八〇年代に長期の危機に直面した。しかしキノックやスミスおよびブレアは、一連の制度改革を行い、党首選出と大会表決における組合の影響力を減少させ、党内部の中産階級的な党員の力を拡大した。結果的に穏健な指導路線が復活し、労働党はアトリー時代のような現実主義的路線に戻った。ブレアは、サッチャーの市場主義的な改革を既成事実として受容したうえで、その問題点を指摘する方針をとっている。とくに弱者発生の原因は本人にあるというよりも、コミュニティーの責任であるといい、社会的倫理を強調しながら市場経済を運営しようとしている。しかしトーニー・ブレア首相は二〇〇三年からのイラク戦争に積極的に参戦し国民の反発をかった。その結果二〇〇五年総選挙では得票を減少させ、労働党は政権を維持したとはいえ以前の勢いを失った。

自由民主党は、一九世紀に活躍した自由党の後継者と一九八〇年代に労働党から離れた社会民主主義者が合流して結成した党派を基礎として、形成されたものである。自由主義とはいっても自由放任的発想ではなく、福祉国家によって自由市場の問題性を補完しようと考える。自由民主党はヨーロッパ共同体に最も肯定的な政党である。スコティシュ国民党はスコットランドの分離独立を目的にしているし、ウェリッシュ国民党はウェールズの自治拡大を目指している。北アイルランドのユニオニストはアイルランドとイングランドの統一の維持を目的としたプロテスタント的政党であり、ナショナリストはアイルランド人の側に立つカトリック的政党である。

議会議席をみると、労働党と保守党の合計で総議席の八六%になるので、二大政党制である。しかし得票水準では、両党の得票率合計は六七%にすぎない。たしかに残りの約三三%をまとめる単一の政党は存在しないが、第三諸党の得票率合計がここまで大きくなっていることを考えると、国民レベルでは、三党制であると言われている。

7　むすびにかえて

今日のイギリス連合王国は、様々の意味で変容の過程にある。第一に、ひとまずは準連邦制に移行するが、将来北アイルランドが分離する可能性があるし、スコットランド独立の傾向もある。このように内的な弛緩に直面している連合王国は、外的なヨーロッパ統合によっても、その主権をゆるやかに失いつつある。連合王国は内外から圧迫されており、一種のクルミ割りに挟まれたクルミのような状態にある。

第二にウエスト・ミンスターに代表される議会制民主主義は、すでにイギリスの独占物ではなく、様々の国において多様な形態に発展していることが示すように、たとえイギリスが準連邦制になったとしても、それに適した制度として成長することが考えられる。しかし二一世紀において、従来の政治制度も抜本的な変化を迫られ、議院内閣制の古典的説明は通用しなくなると思われる。選挙制度に関しても、地域議会では、議員の半数近くに比例代表制を導入しており、イギリスの選挙制度は小選挙区制であるという議論の時代も終わる。

第三にホワイト・ホールに象徴される行政機構は、一九九〇年代に本格的な変貌をとげ、従来の大臣を頂点とするピラミッド型の組織を克服し、新たなコアとエイジェンシィによる組織構造を生み出しつつある。このような変化が何を意味するのかはまだ明らかではない。しかしこの新しい傾向が従来の公務員制度を破壊するかどうか、あるいは現代社会の一般的官僚制化の傾向に挑戦するかどうか、今後注目されるところである。

この『比較政治制度論』の初版が一九九四年に出版された際、私はその「イギリスの政治制度」の章の最後で、「現在イギリスは政治制度そのものが、フィリップ・ノートンも論じるように、流動的になっている」と述べた。

この当時の流動化傾向は、二〇〇六年現在さらに強くなり、国家、議会、人権などのあらゆる面に影響を及ぼす本格的な変動となっている。スコットランド議会を設置する法律が、実は連合王国を創設した一七〇七年の「イングランドとスコットランドの連合法」の修正法であることを考えるとき、イギリスの直面している変化は、さらに深刻なものかもしれないと思われるのである。

［梅川正美］

【参考文献】

①梅川正美『イギリス政治の構造』（成文堂、一九九八年）
②梅川正美『サッチャーと英国政治⑴⑵』（成文堂、一九九七年、二〇〇一年）
③梅川正美／阪野智一編著『ブレアのイラク戦争』（朝日新聞社、二〇〇四年）
④梅川正美／阪野智一／力久昌幸編著『現代イギリス政治』（成文堂、二〇〇六年）
⑤力久昌幸『イギリスの選択』（木鐸社、一九九六年）
⑥豊永郁子『サッチャリズムの世紀』（創文社、一九九八年）

第2章　アメリカ合衆国の政治制度

1　歴史的背景

人口と国土　今日でこそ、約二億九、三〇〇万の人口を擁し、北部・南部・中西部・西部・環太平洋地域《パシフィック・リム》のリージョンからなる世界最大・最強の資本主義国の位置にあるとはいえ（表2-1を参照）、この国は、イギリスの植民地を前史とし、先住民を除いて全て移民からなる人工国家である。

合衆国は、建国期には約四〇〇万人にすぎなかった人口（一七九〇年）を移民と領土拡大によって増大させていった。とりわけ、世紀転換期の移民数の伸びには著しいものがあり、一九〇一〜一〇年の間に約八八〇万人もの移民がこの国に入っている。この頃の移民は、南北戦争前とは様相を異にし、南・東欧やアジア系の移民であったことを特徴としている。したがって、人種的のみならず宗教・習俗・言語という文化的要素においても、合衆国の人口は多様化を深めることになったのである。また、こうした移民労働力と豊かな自然をもって、合衆国は、一八九〇年代において、工業生産高ではイギリスを追い抜き、世界第一の工業生産額を占めるに至っている。

その版図も建国期の約四倍化をみている（図2-1を参照）。合衆国の領土は、一八〇三年のルイジアナ購入に始まり、その後は、条約による領土の拡大のみならず、割譲と併合のうちに太平洋岸に達し、さらには、ハワイやフィリピン（一九四六年独立）などの海外領土も領有し、第二次世界大戦後に至っては、政治的にのみならず、軍事・経済的にも資本主義世界のヘゲモンの位置を占めるに至った。

憲法の成立　合衆国という連邦国家は、一七八八年六月二一日、ニューハンプシャー州が第九番目の批准州として憲法案を承認したことによって正式に発足する。というのも、「合衆国憲法」は、第七条において「九つの州の憲法会議の承認があるとき、これを承認した州の間において確定発効すべきものとする」と規定しているからで

表2-1　国と州の規模

国と州	面積（平方マイル）*	人口*（百万）
Russia	6,592,817	143.8
China	3,705,392	1,298.9
India	1,147,950	1,065.1
Canada	3,851,794	32.5
Mexico	742,486	105.0
USA	3,539,227	293.0
France	210,668	60.4
Afghanistan	250,000	28.5
Texas	267,277	21.8
Spain	192,819	40.3
Iraq	167,556	25.4
California	158,869	35.1
Germany	135,236	82.4
Japan	152,411	127.3
Montana	147,046	0.9
Poland	117,571	38.6
Vietnam	125,622	82.7
New Mexico	121,598	1.9
Italy	113,521	58.1
Phillippines	115,124	86.2
Arizona	114,006	5.5
UK	93,278	60.3
Ghana	88,811	20.8
Oregon	97,132	3.5
South Korea	38,023	48.6
Portugal	35,382	10.5
Maine	33,741	1.3
Denmark	16,359	5.4
Taiwan	13,892	22.8
Maryland	12,297	5.5

*　1平方マイルは約2.6平方キロメーター，国民人口は2004年7月，州人口は2002年7月

〔出典〕 Russell Duncan and Joseph Goddard, *Contemporary America*, second edition, Palgrave Macmillan, 2005, p. 39.

図2-1　合衆国領土の膨張と各州の連邦加入年および大統領選挙人数

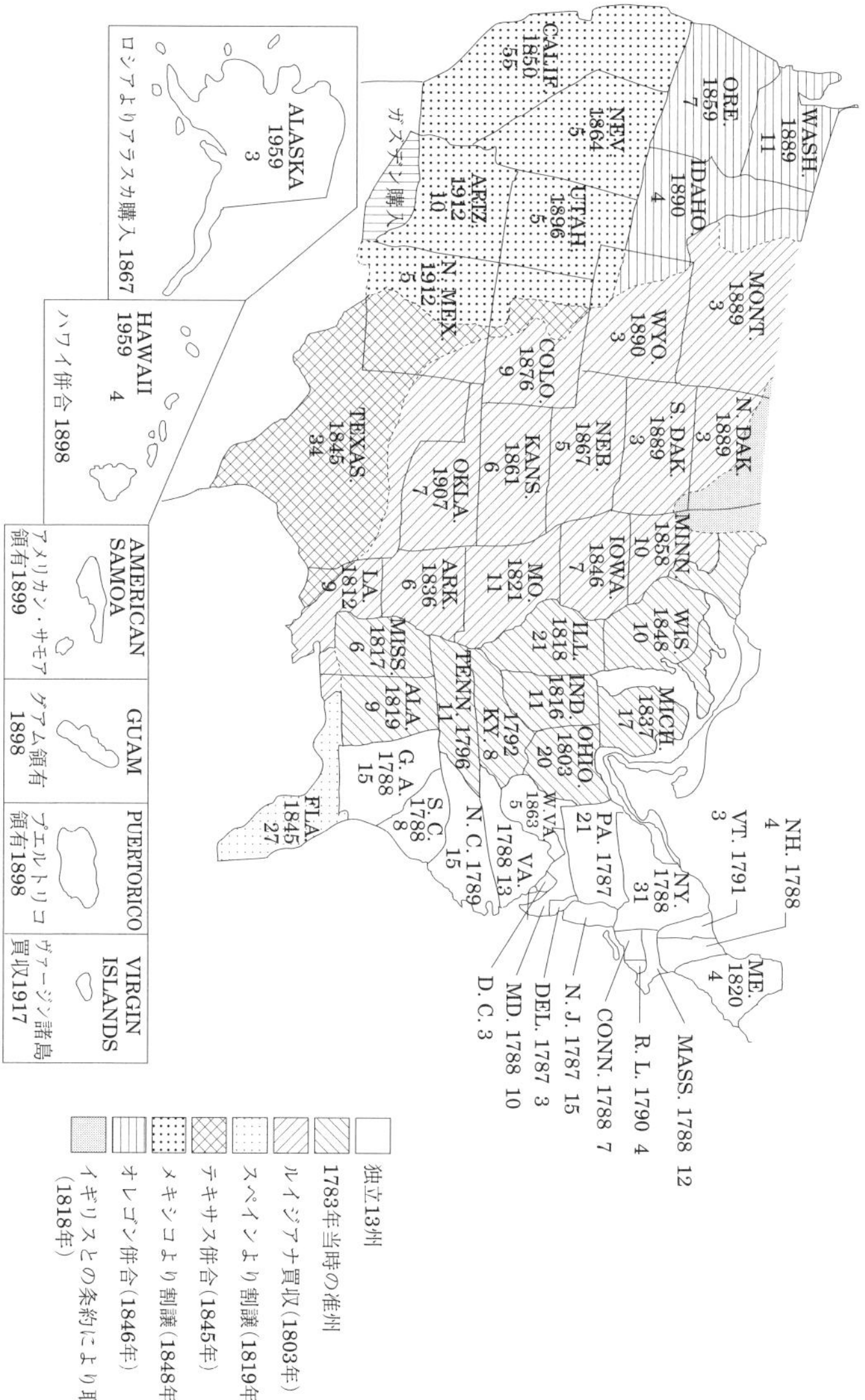

ある（樋口陽一／吉田善明編『解説・世界憲法集〔第三版〕』、三省堂、一九九四年。憲法については、以下、本書を参照）。

合衆国は、一三のイギリス領植民地を建国の端緒とし、やがて、T・ジェファーソン起草の「独立宣言」（一七七六年）をもって、独立という空間的分離と君主制との決別という体制的分離を宣言し（「独立革命」）、独立戦争の勝利とそれに続く「連合規約（Articles of Confederation）」（一七八一年三月発効）の時代を経て、「合衆国憲法」の制定・批准・発効に至るという経過を辿っている。

憲法制定会議《フェデラル・コンヴェンション》は、一七八七年五月、フィラデルフィアのインデペンデンス・ホールで開かれ、ロードアイランドを除く一二州の代表五五名の参加のもとに開かれた。この会議に参加した、いわゆる「建国の父祖たち《ファウンディング・ファーザーズ》」において、連邦主義《フェデラリズム》、共和制型代議制、ホッブス／ルソー的契約論というよりロック的契約論を基礎とした政府構成という点では、おおよその合意があった。だが、この憲法が「妥協の束」とも呼ばれているように、代表者間の空間的・経済的利害の対立は、中央政府と地方政府との権力関係や中央政府の編成をめぐって表面化し、多様な妥協のなかから、ようやく、一七八七年九月、憲法案の採択をみている。

こうして採択された憲法案は、第七条の規定に従い、各州の批准に委ねられることになる。だが、いわゆる「反連邦主義派」は、この憲法案の集権的特徴や権利章典の欠如をもって、この憲法の批准に反対する。ハミルトン／ジェイ／マディソンの『ザ・フェデラリスト（*The Federalist, or Federalist Papers*）』（一七八八年）が憲法案の構成と編成原理について説明するのも、こうした事情がからんでのことである。ともあれ、一七九〇年五月にロード・アイランドが最後の批准州として採択することによって、独立一三州は全てこの憲法を承認するに至る。だが、ロード・アイランドとノースカロライナが批准したのは、初代大統領G・ワシントンが就任した後のことであった（ワシントンの就任は、一七八九年四月三〇日）。

合衆国という国家は、共和制大統領型連邦制資本主義国家と呼べよう。すなわち、アメリカ合衆国は、国家類型という点では、イギリスや日本などと同様に資本主義国家に括られるとしても、国家構成（Formation）という点では、単一国家に対比される複合国家の一形態としての連邦制（Federal System）を採用し、国家形態（Form）としては共和制（Republic）型代表制をとり、行政府の編成としては大統領制（Presidency）をしいているという点でイギリスや日本と異なる、また、独仏伊の大陸三カ国とは異同を含んだ政治形態にある。

立憲主義　合衆国政治の大きな特徴として、「立憲主義（Constitutionalism）」と「連邦主義（Federalism）」の根強さが挙げられる。立憲主義とは、政治が成文憲法をもって運営されるだけでなく、権力分立型の政府機構が憲法をもって明定される必要にあるとする理念や体制のことである。こうした立憲主義が合衆国の特徴となったのは、この国がイギリスの植民地として出発し、「連合規約」下の諸邦《ステイツ》は主権ある邦であったという歴史的経緯を経て、人工的・目的団体型《アソシエーショナル》社会と政体において成立したという事情に負うものである。したがって、国民統合は政治的・人為的契機に強く依存せざるを得ず、かくして、憲法は政治的正統性の重要な契機と見なされ、また、憲法をもって権力濫用の保塁と考える制度信仰を強くすることにもなったのである。

この点は、合衆国憲法には修正条項こそ必要に応じて追加されてきたが（最終修正は、連邦議員の報酬の変更について規定した一九九二年の第二七修正、修正手続きについては憲法第五条と図2-2を参照のこと）、憲法そのものを変更することなくこれを保持してきたことにも認められよう。憲法の修正について見ると、まず、第一～一〇修正が一括して一七九一年に成立している。これは、「反連邦主義派《アンティ・フェデラリスト》」の主張も勘案して成立したものであり、主として国民の権利にかかわる規定からなることから、一般に、「権利の章典《ビル・オブ・ライト》」とも呼ばれている。その後の憲法の修正のなかで政治制度の変更にかかわるものとしては、（ⅰ）選挙に関する修正（第一二・一五・一七・一九・二〇・二三・二

図2-2　憲法改正手続き

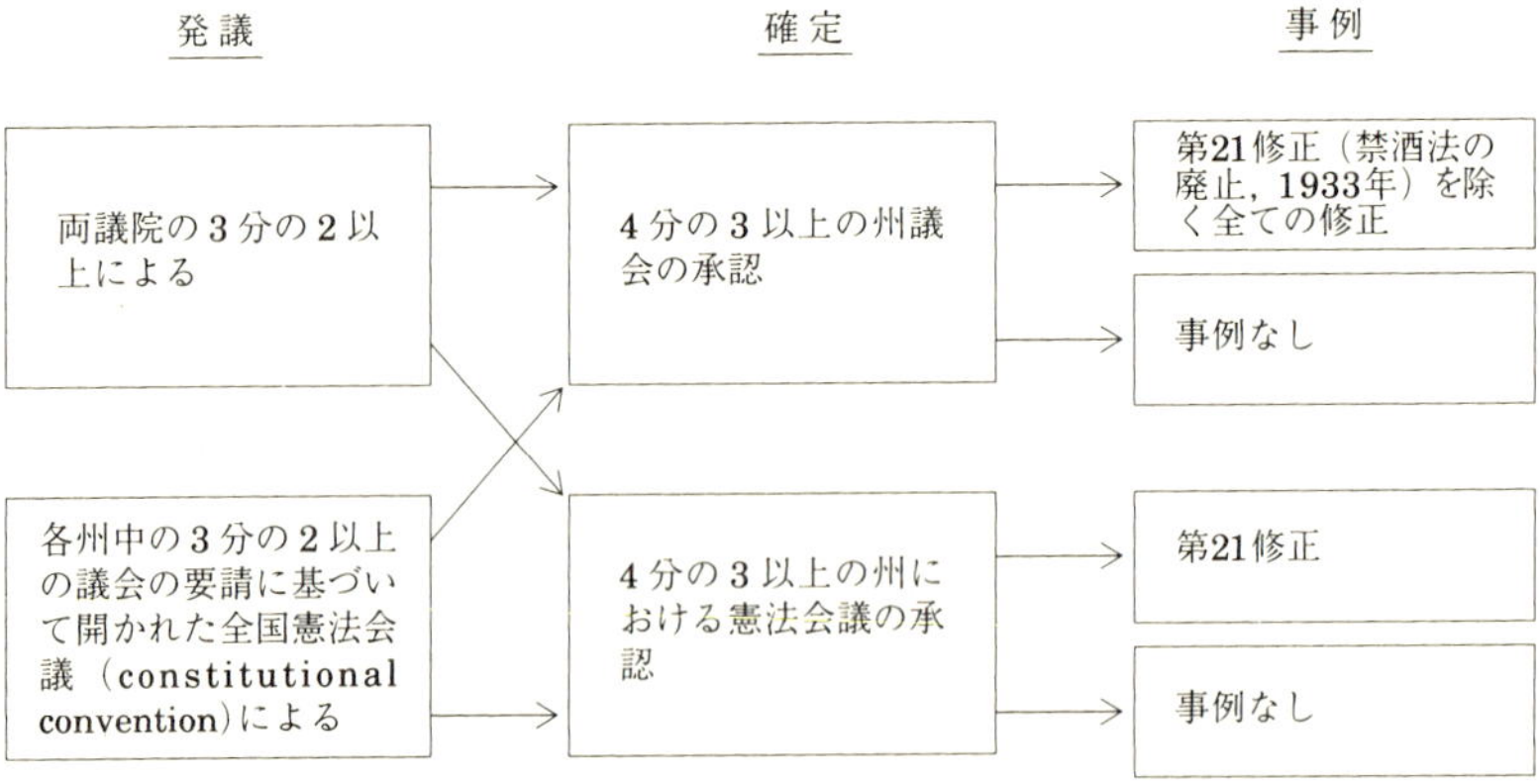

〔出典〕 Edward S. Greenberg and Benjamin I. Page, *The Struggle for Democracy* (3rd. edition), Longman, 1997, p. 44.

四・二五・二六修正）と、（ⅱ）連邦政府の権限に関する修正（第一一・一三・一四・一六修正）が挙げられる。

次に権力の分割メカニズムについて見ると、「建国の父祖たち」は、「連邦国家」であるがゆえに、ロックの契約論的政府観を基礎に、「委託された権限《デリゲイテド・パワーズ》」の原理をもって連邦中央政府の編成原理とするとともに、この権力を機能的に立法・行政・司法の三権に分割し、抑制と均衡《チェック・アンド・バランス》の擬制をもって権力濫用の制度的歯止めを期している（図2-3を参照のこと）。ここから、君主制の欠如と諸州間の対立という固有の歴史状況もあって、さらには「多数専制の防止」という企図もからんで、厳格で複雑な権力分立型政府編成がしかれることになった（図2-4を参照のこと）。

連邦主義　権力の機能的分割と並んで、合衆国の政治制度の別の大きな特徴として、権力の空間的分割としての連邦主義が挙げられる。今日、合衆国は、一つの連邦政府と五〇の州政府、および、約八万一、〇〇〇余の地方政府（郡、市、町、学校区、特別区）からなる連邦国家という国家構成にある。建国期にあって、既存の邦《ステイト》政府との関係や集権に対する危惧感と連邦強化論との対抗関係のなかで単一国家《ユニタリー・ステイト》と国家連合《コンフェデレーション》との妥協的形態として、

図 2 - 3　連邦憲法の構造

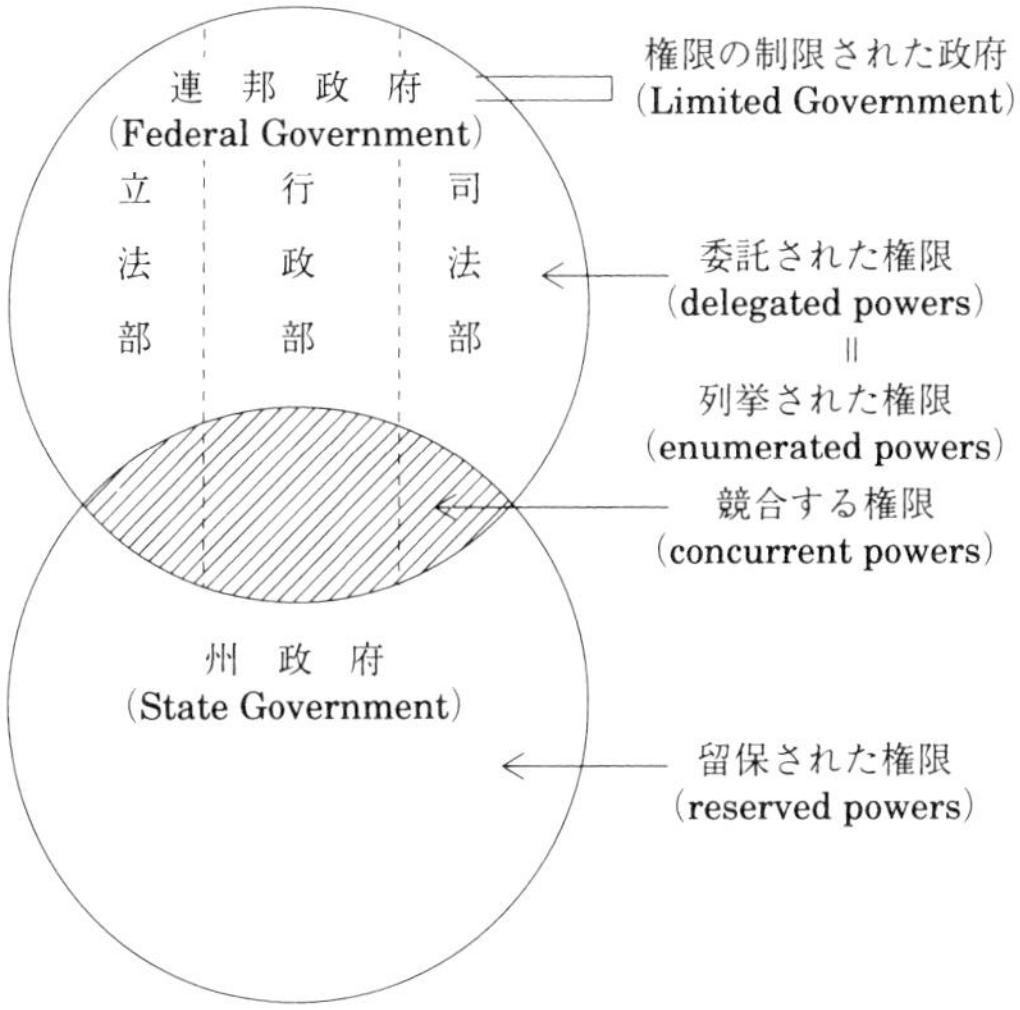

〔出典〕 斎藤・河合・百瀬『比較政治Ⅰ』㈶放送大学教育振興会，1985年，53頁。

図 2 - 4　連邦政治の機構

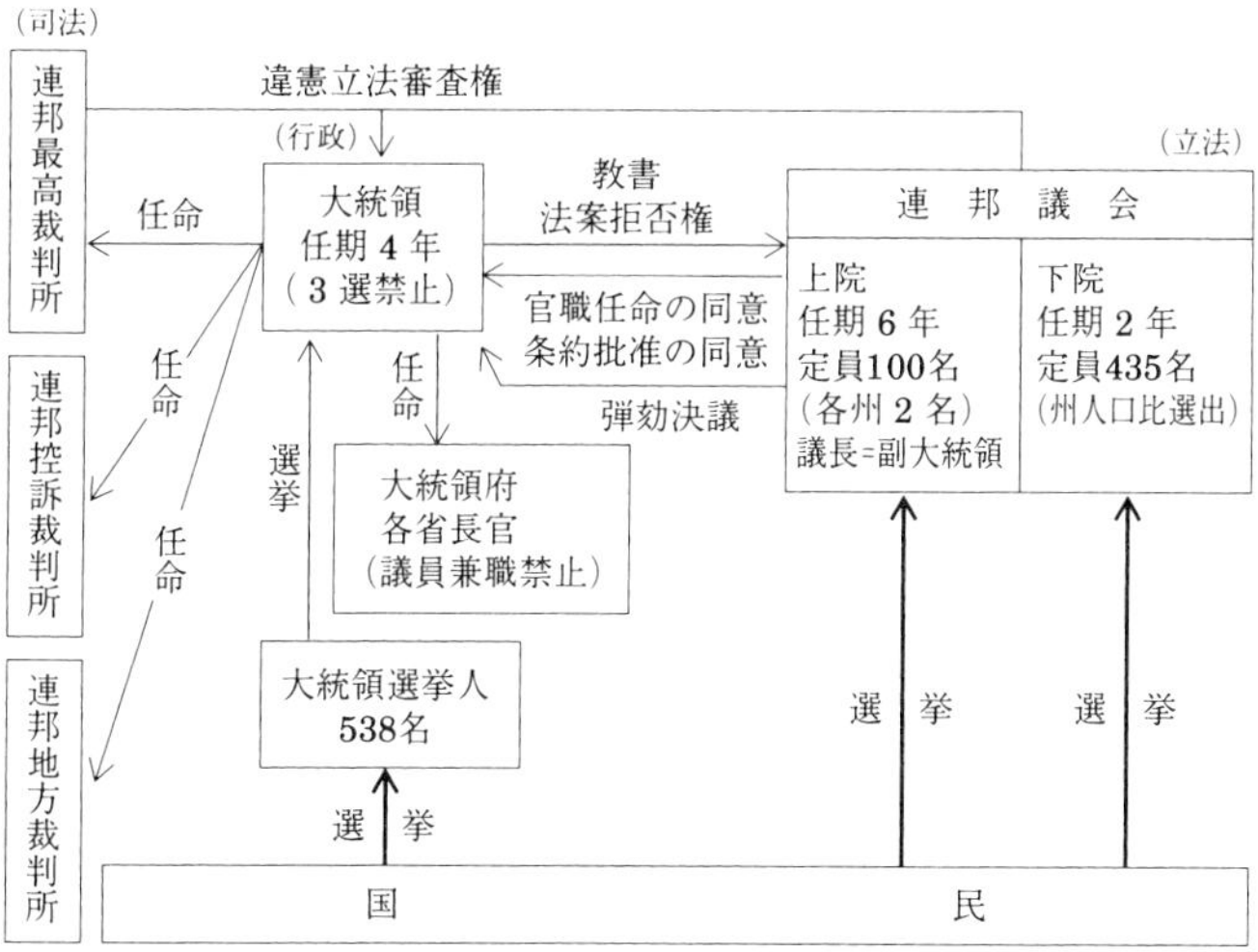

〔出典〕 中谷義和『政治学入門―歴史と概念』法律文化社，1998年，16頁。

連邦制がしかれることになった。この体制においては、中央（連邦）政府に一定の権限が委託され、その他の権限は州に留保されていると見なされている（留保権の規定、第一〇修正）。したがって、権限の空間的二分論にあることになる。しかし、中央—地方の緊張関係は、統合と分離、集権と分権という政治力学のなかで、政体論争や憲法論争となってアメリカ政治史を貫く縦糸をなしている。例えば、建国当初にあって、連邦政府強化論と州権擁護論の対立は、国立銀行をめぐる憲法論争となって表れているし（「マカロック対メリーランド」事件、一八一九年）、南北戦争前夜にあっては、奴隷制をめぐる国権—州権論争として表面化している。また、世紀末からアメリカ社会が構造的変貌をとげる（都市化・工業化・国際化）なかで噴出した諸矛盾に対応すべく連邦中央政府は機能的多岐化と機構的肥大化の傾向を強くするのであるが、こうした傾向に対しても多様な反対運動が展開されている。戦後に至って、南部諸州はアフリカ系アメリカ人の公民権に対する反対運動の論拠を留保権や州権に求めてもいるのである。

合衆国の憲制にあって連邦主義がひとつの主要原理とされていても、中央—地方関係は対抗と緊張関係にあるだけでなく、州間・セクション間の対立にも激しいものがある。この点は、すでに、憲法制定会議にあって、連邦政府の編成をめぐって、とりわけ連邦議会の構成と大統領選挙人の割り振りをめぐって表面化している。例えば、「ヴァージニア案《プラン》」に代表的な大州は、両（二）院制の議会と各州人口数を基礎とした大州中心型議会編成を求めたのに対し、「ニュージャージ案《プラン》」に代表的な小州は、議席配分を各州平等とする一院制の対等型議会編成を提案している。その結果、「コネティカット案」に即して妥協が図られ、議会は両院制をしき、上院《セネート》は各州平等に二議席の議員から構成され、下院《ハウス》議員および直接税は、各州の人口数に比例して割り振られることになったのである（第一条一・二・三節）。また、各州の大統領選挙人数は、当該州の上・下両院議員数と同数とされた（第二条一節）。

セクション間の対立という点では、当時六州からなる南部の奴隷制をめぐる問題があった。憲法において「奴隷」という言葉こそ使われていないが、結局、奴隷制を認めることで南北の妥協が成立した（南北戦争後、第一三・一四・一五修正において、奴隷制は廃止される）。すなわち、奴隷の代表権は、いわゆる「五分の三条項」（第一条二節三項）によって処理され、また奴隷の「輸入」は承認されただけでなく（第一条九節）、逃亡奴隷の引き渡し（第四条二節三項）をもって南北の合意が引き出されたのである。

共和制　近代の通常国家の国家形態は、君主制との対抗において、典型的には共和制を採っている。この点で、アメリカは共和制という国家形態を採用するとともに、間接（代表）民主政を導入している（『ザ・フェデラリスト』第一〇篇）。すなわち、「建国の父祖たち」にあって、君主制や貴族制は拒否されたが（第一条九節、第四条四節）、直接民主政を可能な限り避けるべく、上院議員の選挙は各州議会によるとされただけでなく（第一条三節、一九一三年の第一七修正により改正）、下院議員の選挙資格は各州の判断に委ねられるとともに、大統領選挙は各州議会によって選ばれた大統領選挙人によるものとされたのである（今日では、上院議員は各州人民によって、大統領選挙人は各州の一般投票によって選出されている）。

州・連邦政府という関係にあって、一九世紀型の政府間対立主義は、一九三〇年代に至って「協調的連邦主義《コオポラティブ・フェデラリズム》」に移行したとされる（M. Grodzins. *The American System*, 1966）。これは、三〇年代から四〇年代の経済危機と戦争危機という内外の二重の危機のなかで、連邦政府の機能と機構は拡大と強化をみただけでなく、膨大な財政支出をもって、連邦政府が州民や州と地方政府に対し財政支援と補助金の供与体制をしくなかで起こったことである（いわゆる「財政連邦主義《フィズカル・フェデラリズム》」）。この点で、戦後政権は、共和党と民主党とでは中央―地方間の政策的基調を異にしながらも、基本的には連邦政府―州政府―地方政府という政府間協調政策を展開してきたといえよう。

2　政治の構造

1　政党と利益集団

合衆国の政治構造は、政党に媒介され、利益集団の「圧力」もうけて動いているわけであるから、まず政党と利益集団について概観し、次いで統治機構に視点を移すことにする。

政　党　政党も利益集団も基本的には社会集団であるが、その組織と性格という点で、政党は政治の担い手であるだけに利益集団とは異なるものである。

合衆国の政党制は、イギリスと同様に典型的な二党制（Two-Party System）である。政党史を辿りみると（図2-5を参照）、建国期にあっては、フェデラリストの名望家型の一党制から出発する。しかし、この党は、やがて内外政策の展開と展望を異にするなかで分裂し、T・ジェファーソンを指導者とするアンティ・フェデラリスト（デモクラティック・リパブリカン）の誕生をみ、この党が、いわゆる「一八〇〇年の革命」で政権につく。その後、この党によって大統領が継承されていくのであるが（第一次政党制、フェデラリスツ対デモクラティック・リパブリカンズ）、二〇年代前期の「好感情の時代（era of good feeling）」をはさんで再編期を迎え、民主党とナショナル・リパブリカンズと称する政党が成立する。後者は、一八三〇年代にホイッグと改称し、三〇年代と四〇年代は、両二大政党の対抗において政権が運営される（第二次政党制、民主党対ホイッグ）。だが、南北戦争が切迫するや、ホイッグ党を中心に反奴隷制勢力を結集するなかから一八五四年に共和党が成立するに至る。こうして民主・共和両党を中心とした二党型政党制がしかれ（第三次政党制、民主党と共和党の競合体制）、その後、一八九六年の「再編（realignment）」

期を境として共和党優位の時代を迎えることになるが（第四次政党制）、一九三二年のF・ローズヴェルト民主党政権の成立をもって民主党優位の時代へと移行する（第五次政党制）。民主党優位の時代は戦後も続くのであるが、一九八〇年代に入って、議会多数党と大統領の所属政党とが異なるという、いわゆる「分裂型政府（divided government）」や第三党の善戦という現象も起こっている。だが、今日では、少なくとも連邦政府レベルでは民主党優位の統一型構造に変っている。なお、一八五六年の民主・共和両党型選挙戦の成立後、今日まで、この両党以外から大統領が誕生した例は存在しない（表2-2、2-3を参照）。

民主・共和両党以外の、いわゆる第三党や社会主義諸政党も選挙戦に登場している。しかし、こうした政党が大統領選挙人数の一定数を占めたのは、民主・共和両党の二党制の成立以降、五度に限られており、しかも両党の分裂に起因している場合が多い。すなわち、「改革と反動のパラドクス」に彩られたポピュリズム期に「人民党（People's Party, or Populist Party）が一八九二年の選挙戦において、主として中西部農民層の支持を得て二二人の選挙人票を、一九一二年の選挙戦に際して、共和党の分裂のなかで成立した「ブル・ムース党」が八八票を、そして一九二二年の選挙戦において、ラフォレット候補を擁した「進歩党（Progressive Party）」が一三票を集めている。戦後にあっては、一九四八年の選挙戦において、民主党を割るなかで成立した「州権民主党《ステイト・ライト・パーティ》」が南部五州で三九票を、そして、六八年選挙戦において、州権をスローガンとする「アメリカ独立党」が南部六州で四六票をおさえている（図2-5、表2-2、表2-4を参照）。これが、第三党が大統領選挙人をおさえた全ての例である。なお、社会主義諸政党について見ると、一九二〇年の選挙戦において、E・V・デブズを擁した「社会党」が一般投票の六%（約九二万票）を獲得したのが最高であって、大統領選挙人票をおさえたという例はない。

利益集団　合衆国の政治は「利益集団政治（interest group politics）」であるとも呼ばれているように、政治・政

表2-2 歴代大統領・副大統領一覧表

大統領（所属政党）	生没年	就任年齢	在任期間	副大統領
George Washington（F）	1732 1799	57	April 30, 1789-March 4, 1793	John Adams
George Washington（F）		61	March 4, 1793-March 4, 1797	John Adams
John Adams（F）	1735 1826	61	March 4, 1797-March 4, 1801	Thomas Jefferson
Thomas Jefferson（D-R）	1743 1826	57	March 4, 1801-March 4, 1805	Aaron Burr
Thomas Jefferson（D-R）		61	March 4, 1805-March 4, 1809	George Clinton
James Madison（D-R）	1751 1836	57	March 4, 1809-March 4, 1813	George Clinton
James Madison（D-R）		61	March 4, 1813-March 4, 1817	Elbridge Gerry
James Monroe（D-R）	1758 1831	58	March 4, 1817-March 4, 1821	Daniel D. Tompkins
James Monroe（D-R）		62	March 4, 1821-March 4, 1825	Daniel D. Tompkins
John Q. Adams（N-R）	1767 1848	57	March 4, 1825-March 4, 1829	John C. Calhoun
Andrew Jackson（D）	1767 1845	61	March 4, 1829-March 4, 1833	John C. Calhoun
Andrew Jackson（D）		65	March 4, 1833-March 4, 1837	Martin Van Buren
Martin Van Buren（D）	1782 1862	54	March 4, 1837-March 4, 1841	Richard M. Johnson
W. H. Harrison（W）	1773 1841	68	March 4, 1841-April 4, 1841	John Tyler
John Tyler（W）	1790 1862	51	April 6, 1841-March 4, 1845	
James K. Polk（D）	1795 1849	49	March 4, 1845-March 4, 1849	George M. Dallas
Zachary Taylor（W）	1784 1850	64	March 4, 1849-July 9, 1850	Millard Fillmore
Millard Fillmore（W）	1800 1874	50	July 10, 1850-March 4, 1853	
Franklin Pierce（D）	1804 1869	48	March 4, 1853-March 4, 1857	William R. King
James Buchanan（D）	1791 1868	65	March 4, 1857-March 4, 1861	John C. Breckinridge
Abraham Lincoln（R）	1809 1865	52	March 4, 1861-March 4, 1865	Hannibal Hamlin
Abraham Lincoln（R）		56	March 4, 1865-April 15, 1865	Andrew Johnson
Andrew Johnson（R）	1808 1875	56	April 15, 1865-March 4, 1869	
Ulysses S. Grant（R）	1822 1885	46	March 4, 1869-March 4, 1873	Schuyler Colfax
Ulysses S. Grant（R）		50	March 4, 1873-March 4, 1877	Henry Wilson
Rutherford B. Hayes（R）	1822 1893	54	March 4, 1877-March 4, 1881	William A. Wheeler
James A. Garfield（R）	1831 1881	49	March 4, 1881-Sept. 19, 1881	Chester A. Arthur
Chester A. Arthur（R）	1830 1886	50	Sept. 20, 1881-March 4, 1885	
Grover Cleveland（D）	1837 1908	47	March 4, 1885-March 4, 1889	Thomas A. Hendricks
Benjamin Harrison（R）	1833 1901	55	March 4, 1889-March 4, 1893	Levi P. Morton
Grover Cleveland（D）	1837 1908	55	March 4, 1893-March 4, 1897	Adlai E. Stevenson
William McKinley（R）	1843 1901	54	March 4, 1897-March 4, 1901	Garret A. Hobart
William McKinley（R）		58	March 4, 1901-Sept. 14, 1901	Theodore Roosevelt
Theodore Roosevelt（R）	1858 1919	42	Sept. 14, 1901-March 4, 1905	
Theodore Roosevelt（R）		46	March 4, 1905-March 4, 1909	Charles W. Fairbanks
William H. Taft（R）	1857 1930	51	March 4, 1909-March 4, 1913	James S. Sherman
Woodrow Wilson（D）	1856 1924	56	March 4, 1913-March 4, 1917	Thomas R. Marshall
Woodrow Wilson（D）		60	March 4, 1917-March 4, 1921	Thomas R. Marshall
Warren G. Harding（R）	1865 1923	55	March 4, 1921-Aug. 2, 1923	Calvin Coolidge
Calvin Coolidge（R）	1872 1933	51	Aug. 3, 1923-March 4, 1925	
Calvin Coolidge（R）		52	March 4, 1925-March 4, 1929	Charles G. Dawes
Herbert Hoover（R）	1874 1964	54	March 4, 1929-March 4, 1933	Charles Curtis
Franklin D. Roosevelt（D）	1882 1945	51	March 4, 1933-Jan. 20, 1937	John N. Garner
Franklin D. Roosevelt（D）		55	Jan. 20, 1937-Jan. 20, 1941	John N. Garner
Franklin D. Roosevelt（D）		59	Jan. 20, 1941-Jan. 20, 1945	Henry A. Wallace
Franklin D. Roosevelt（D）		63	Jan. 20, 1945-April 12, 1945	Harry S. Truman
Harry S. Truman（D）	1884 1972	60	April 12, 1945-Jan. 20, 1949	
Harry S. Truman（D）		64	Jan. 20, 1949-Jan. 20, 1953	Alben W. Barkley
Dwight D. Eisenhower（R）	1890 1969	62	Jan. 20, 1953-Jan. 20, 1957	Richard M. Nixon
Dwight D. Eisenhower（R）		66	Jan. 20, 1957-Jan. 20, 1961	Richard M. Nixon
John F. Kennedy（D）	1917 1963	43	Jan. 20, 1961-Nov. 22, 1963	Lyndon B. Johnson
Lyndon B. Johnson（D）	1906 1973	55	Nov. 22, 1963-Jan. 20, 1965	
Lyndon B. Johnson（D）		56	Jan. 20, 1965-Jan. 20, 1969	Hubert H. Humphrey
Richard M. Nixon（R）	1913 1994	56	Jan. 20, 1969-Jan. 20, 1973	Spiro T. Agnew
Richard M. Nixon（R）		60	Jan. 20, 1973-Aug. 9, 1974	Spiro T. Agnew Gerald R. Ford
Gerald R. Ford（R）	1913	61	Aug. 9, 1974-Jan. 20, 1977	Nelson A. Rockefeller
Jimmy Carter（D）	1924	52	Jan. 20, 1977-Jan. 20, 1981	Walter F. Mondale
Ronald Reagan（R）	1911	69	Jan. 20, 1981-Jan. 20, 1985	George Bush
Ronald Reagan（R）		73	Jan. 20, 1985-Jan. 20, 1989	George Bush
George H. W. Bush（R）	1924	64	Jan. 20, 1989-Jan. 20, 1993	J. Danforth Quayle
William J. Clinton（D）	1946	46	Jan. 20, 1993-Jan. 20, 2001	Albert Gore, Jr.
George W. Bush（R）	1946	46	Jan. 20, 2001-Jan. 20, 2009	Dick Cheney
Barack H. Obama（D）	1961	47	Jan. 20, 2009	Joseph R. Biden

〔出典〕 H. W. Stanley and R. G. Niemi, *Vital Statistics on American Politics*, 4th the edition, Congressional Quarterly, 1994, pp. 257-259.（一部，加筆）

表2-3　大統領・連邦議会の政党別構成（1961-2007年）　D＝民主党　R＝共和党

			下院			上院		
	大統領	議会	多数党	少数党	その他	多数党	少数党	その他
1961	D（Kennedy）	87th	D-263	R-174	—	D-65	R-35	—
1963	D（Kennedy）	88th	D-258	R-174	—	D-67	R-33	—
1965	D（Johnson）	89th	D-295	R-140	—	D-68	R-32	—
1967	D（Johnson）	90th	D-247	R-187	—	D-64	R-36	—
1969	R（Nixon）	91st	D-243	R-192	—	D-57	R-43	—
1971	R（Nixon）	92nd	D-254	R-180	—	D-54	R-44	2
1973	R（Nixon）	93rd	D-239	R-192	1	D-56	R-42	2
1975	R（Ford）	94th	D-291	R-144	—	D-60	R-37	2
1977	D（Carter）	95th	D-292	R-143	—	D-61	R-38	1
1979	D（Carter）	96th	D-276	R-157	—	D-58	R-41	1
1981	R（Reagan）	97th	D-243	R-192	—	R-53	D-46	1
1983	R（Reagan）	98th	D-269	R-165	—	R-54	D-46	—
1985	R（Reagan）	99th	D-252	R-182	—	R-53	D-47	—
1987	R（Reagan）	100th	D-258	R-177	—	D-55	R-45	—
1989	R（Bush）	101st	D-259	R-174	—	D-55	R-45	—
1991	R（Bush）	102nd	D-267	R-167	1	D-56	R-43	—
1993	D（Clinton）	103rd	D-259	R-175	1	D-57	R-43	—
1995	D（Clinton）	104th	R-235	D-197	1	R-53	D-47	—
1997	D（Clinton）	105th	R-227	D-207	1	R-55	D-45	—
1999	D（Clinton）	106th	R-223	D-211	1	R-55	D-45	—
2001	R（Bush）	107th	R-221	D-212	2	R-50	D-50	—
2003	R（Bush）	108th	R-229	D-205	1	R-51	D-48	1
2005	R（Bush）	109th	R-232	D-202	1	R-55	D-44	1
2007	R（Bush）	110th	D-233	R-202	—	D-49	R-49	2(民主党系)
2009	D（Obama）	111th	D-257	R-199	—	D-58	R-41	1

〔出典〕 David Mckay, *American Politics & Society*, sixth edition, Blackwell, 2005, p. 151（一部，削除）.

策過程に占める利益集団の位置には大きなものがあり、政治学の研究分野のひとつともされてきた（古典的には、A・F・ベントレー『統治の過程（*The Process of Government*, 1908）』）。

合衆国は経済的利害の多元性と人種的・文化的多様性を特徴とした国であるだけに、伝統的結社意識と直接民主政型政治観にも支えられて「利益集団政治」の活発化に連なったと考えられる。この点で、憲法が諸利害の妥協の所産であることに鑑みれば、利益集団政治の起源は建国期にまで遡ることもできようが、現代型の組織的展開をみたのは、やはり、一九世紀末からの社会の職能集団型編成化

図2-5　アメリカの政党変遷史

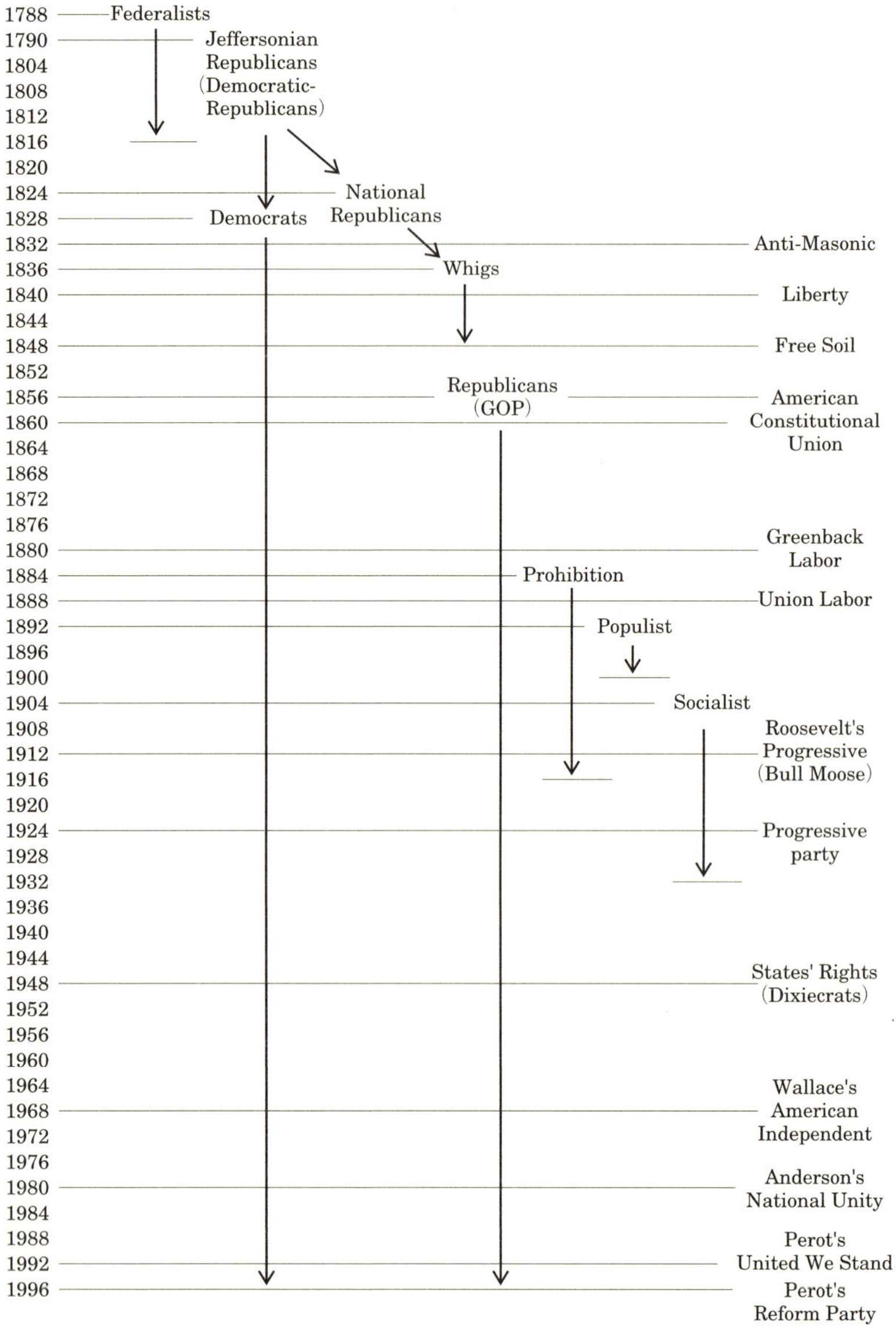

〔出典〕 Theodore J. Lowi and Benjamin Ginsberg, *American Government : Freedom and Power* (5th edition), W. W. Norton, 1990, p. 480.

と行政国家化のなかで起こったと見るべきであろう。こうした現象は、ニューディール期以降にあって政府が社会・経済関係の規制・誘導策を強めるなかで、政策決定過程への「圧力」の参入を構造的なものとさせている。戦後の特徴は、経済的専門型《プロフェショナル》利益集団とならんで、多くの「促進型《プロモーショナル》利益集団」も形成されるようになったことに求められるであろう。

利益集団ないし圧力集団の確定的分類方法はないが、一応、（Ⅰ）私的経済利益促進型と（Ⅱ）公的利益促進型に分けておこう。（Ⅰ）の全国的な私的経済利益促進集団としては、（ⅰ）全国製造業者協会（ＮＡＭ）、全米商業会議所やラウンド・テーブルのような経営者・資本家団体の組織、（ⅱ）アメリカ労働総同盟・産別会議（ＡＦＬ・ＣＩＯ）のような労働組合、（ⅲ）アメリカ農業局連盟（ＡＦＢＦ）のような農業団体、（ⅳ）アメリカ弁護士協会（ＡＢＡ）や全国医師会（ＡＭＡ）のような専門家集団が挙げられよう。また、（Ⅱ）の公的利益促進集団には単一争点志向型の利益（関心）団体が入り、例えば、全米有色人種向上協会（ＮＡＡＣＰ）や全国女性団体（ＮＯＷ）、環境・消費者保護を訴える公共利益集団（例えば、「コモン・コーズ」）がある。こうした利益集団は、個別議員・行政機関・政党に対してロビイングを行うだけでなく、マス・メディアを使って世論を形成し、さらには、選挙に際しては、支援運動を展開するだけでなく、ネガティブ・キャンペーンもはるのである。こうした利益集団間の対抗力の行使にアメリカ政治の現実が描かれる一方で（「多元主義モデル」）、Ｃ・Ｗ・ミルズの『パワーエリート』（一九五六年）以来、多様な「エリートモデル」が、また、両者とは異なるエリート間対抗モデル（「ポリアーキーモデル」）も設定されている（図2-6を参照）。さらには、農業や退役軍人などの特定利益団体と当該の議会内委員会および行政部とのあいだに「鉄の三角同盟《アイアン・トライアングル》」が形成されているとも指摘されている（図2-7を参照）。

「全国選挙キャンペーン法」の成立（一九七一年成立、一九七四年修正）とともに注目されるようになったものとし

図2-6　アメリカ政治の3モデル

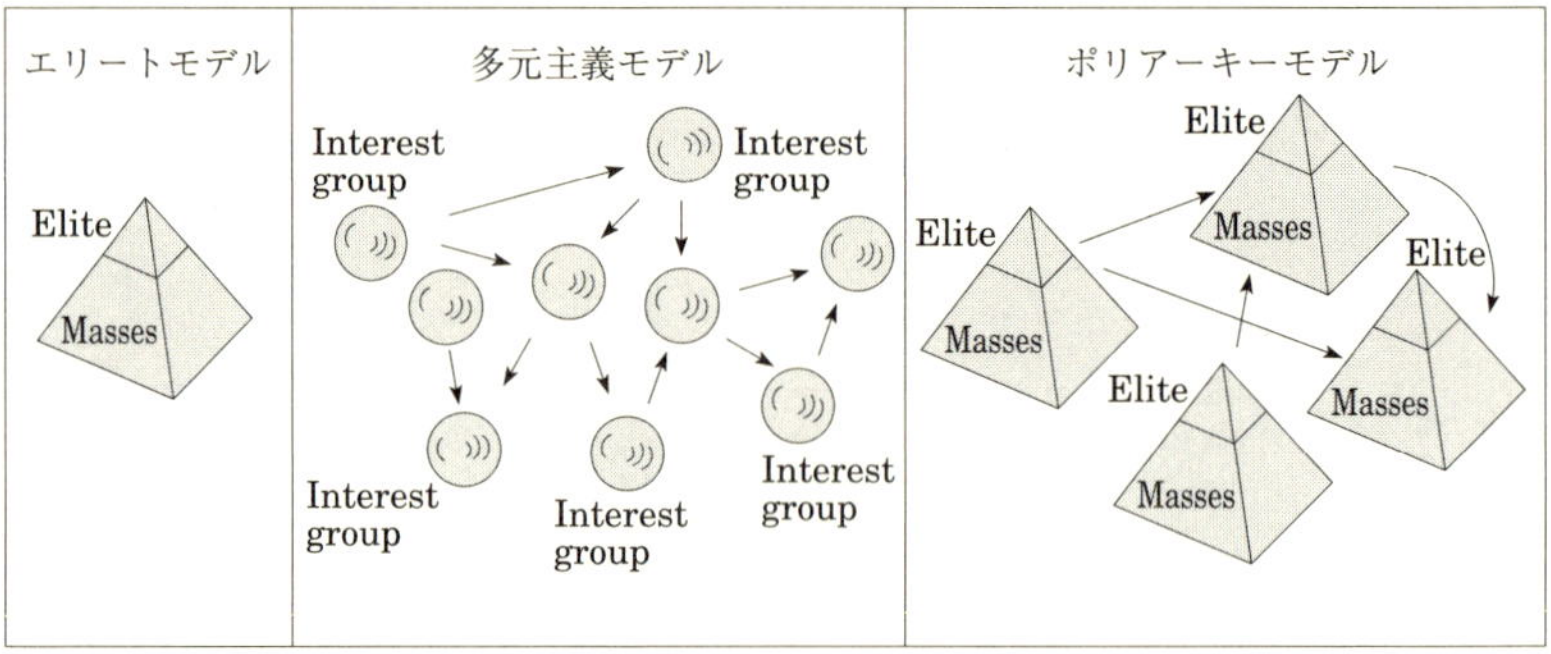

〔出典〕 Michael G. Roskin et al., *Political Science : An Introduction*, ninth edition, Pearson Education, 2006, p. 81.

図2-7　軍事における鉄の三角同盟

〔出典〕 Theodore J. Lowi and Benjamin Ginsberg, *op. cit.*, p. 540.

て「政治行動委員会（ＰＡＣ）」がある。これは、個別企業や利益集団が政治献金のための団体として組織したものであり、七〇年代～八〇年代に企業のＰＡＣを中心に急増している。また、政党の強化にあてられる。いわゆるソフト・マネーの規制を欠いていることもあって、アメリカ政治と政治資金の問題は繰り返し論議の対象とされてきているし、選挙の「商業化《コマーシャリゼーション》」についても指摘されている。

2　連邦政府機構

連邦政府の機構は、図2-8のとおりである。まず、連邦議会から見てみよう。

議会　二〇世紀の国家が行政国家とも呼ばれているように、一九世紀の議会中心型国家から行政中心型国家へと変わったとされているとはいえ、政策形成機関としての議会の役割はアメリカ政治にあってなお重要な位置にある。合衆国憲法は、「立法権は、すべて連邦議会に属する」（第一条一節）と定めている。連邦議会《コングレス》は両（二）院制をとり、上院は各州平等に二議席配分され、任期六年の議員（ほぼ、三分の一ずつ二年毎に改選）から、また下院は任期二年の四三五名の議員から構成されている。したがって、上・下両院議員の選挙は二年毎に繰り返されることになり、大統領（任期四年）選挙と重ならない選挙は中間選挙と呼ばれている。この点では、大統領、上・下両院の在任期間の時間的分割も行われていることになり、大統領の所属政党と議会の多数党とが一致しなかったり、また上・下両院の多数党が異なるということも起こることになる（表2-3を参照）。したがって、大統領は、程度の差はあれ、超党派型ないし提携型の政策的姿勢をとらざるを得ないことになる。

図2-1の各州の二桁の数字は各選挙区の大統領選挙人数（上・下院議員の議席数）を示してもいるが、歴史的には南部・南西部と太平洋沿岸地域の人口が増加するなかで、北部・大西洋沿岸地域の選挙人数が減少するという特徴

図2-8　連邦政府機構

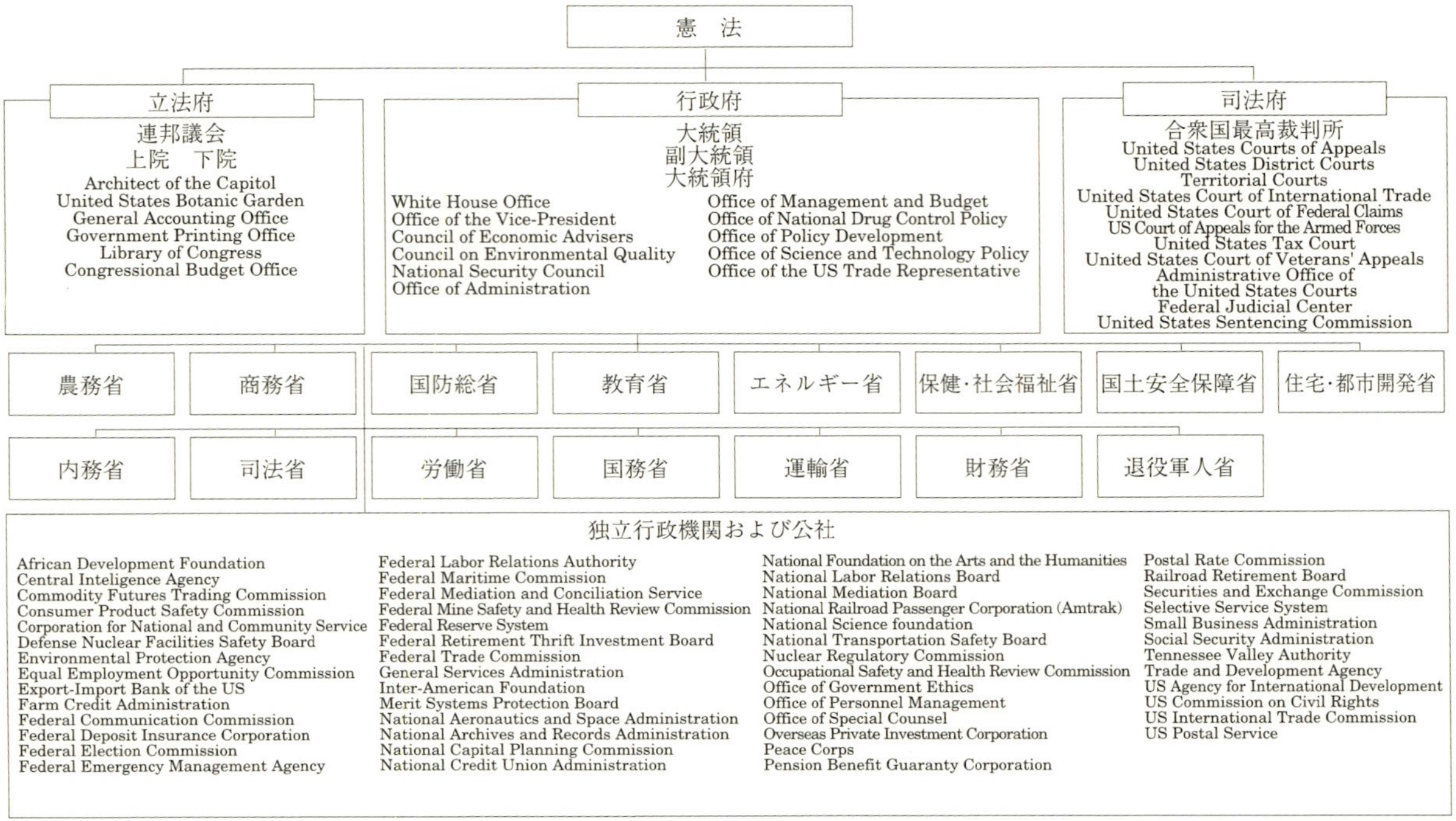
憲　法
立法府
連邦議会
上院　下院
Architect of the Capitol
United States Botanic Garden
General Accounting Office
Government Printing Office
Library of Congress
Congressional Budget Office
行政府
大統領
副大統領
大統領府
White House Office
Office of the Vice-President
Council of Economic Advisers
Council on Environmental Quality
National Security Council
Office of Administration
Office of Management and Budget
Office of National Drug Control Policy
Office of Policy Development
Office of Science and Technology Policy
Office of the US Trade Representative
司法府
合衆国最高裁判所
United States Courts of Appeals
United States District Courts
Territorial Courts
United States Court of International Trade
United States Court of Federal Claims
US Court of Appeals for the Armed Forces
United States Tax Court
United States Court of Veterans' Appeals
Administrative Office of
the United States Courts
Federal Judicial Center
United States Sentencing Commission
農務省
商務省
国防総省
教育省
エネルギー省
保健・社会福祉省
国土安全保障省
住宅・都市開発省
内務省
司法省
労働省
国務省
運輸省
財務省
退役軍人省
独立行政機関および公社
African Development Foundation
Central Inteligence Agency
Commodity Futures Trading Commission
Consumer Product Safety Commission
Corporation for National and Community Service
Defense Nuclear Facilities Safety Board
Environmental Protection Agency
Equal Employment Opportunity Commission
Export-Import Bank of the US
Farm Credit Administration
Federal Communication Commission
Federal Deposit Insurance Corporation
Federal Election Commission
Federal Emergency Management Agency
Federal Labor Relations Authority
Federal Maritime Commission
Federal Mediation and Conciliation Service
Federal Mine Safety and Health Review Commission
Federal Reserve System
Federal Retirement Thrift Investment Board
Federal Trade Commission
General Services Administration
Inter-American Foundation
Merit Systems Protection Board
National Aeronautics and Space Administration
National Archives and Records Administration
National Capital Planning Commission
National Credit Union Administration
National Foundation on the Arts and the Humanities
National Labor Relations Board
National Mediation Board
National Railroad Passenger Corporation (Amtrak)
National Science foundation
National Transportation Safety Board
Nuclear Regulatory Commission
Occupational Safety and Health Review Commission
Office of Government Ethics
Office of Personnel Management
Office of Special Counsel
Overseas Private Investment Corporation
Peace Corps
Pension Benefit Guaranty Corporation
Postal Rate Commission
Railroad Retirement Board
Securities and Exchange Commission
Selective Service System
Small Business Administration
Social Security Administration
Tennessee Valley Authority
Trade and Development Agency
US Agency for International Development
US Commission on Civil Rights
US International Trade Commission
US Postal Service

〔出典〕 US Government Manual（Washington, DC : Government Printing Office）.

を示している。

連邦議会の権限は憲法において列挙されており（第一条八節）、このなかには、貨幣の鋳造、州際通商の規制、宣戦の布告などの諸権限が含まれており、また、他にも重要な権限として、上院の条約と公務員の承認権（第二条二節二項）、弾劾裁判（第一条三節七項、第二条四節）が挙げられる。なお、大統領の拒否権の行使は、両院の三分の二以上の賛成をもって乗り越え《オーバーライド》られることになっている。

法律案は全て、上・下両院の審議を経て大統領に送付されることになっている。発議権は議員にも認められているが、重要法案の多くは、大統領の「一般教書」や「予算教書」を受けて（大統領の法案勧告権、第二条三節）発議される場合が多い。発議された法案は、両院の常任委員会および小委員会の審議や公聴会を経て本会議の審議・採択に委ねられることになる。この過程において、いわゆる「丸太転がし《ログ・ローリング》」が繰り返され、上院の「議事妨害《フィリバスター》」にもあう（対抗措置として、上院議員の五分の三による「討論終結制《クロウチャー》」が認められている）。こうして上・下両院を通過した法案も大統領の「拒否権《ヴィトー》」ないし「保留拒否《ポケット・ヴィトー》」（第一条七節二項）によって廃案とされる場合も起こり得るのである。なお、議員の投票は、所属政党をこえて行われることが多く（いわゆる「交叉投票《クロス・ヴォーティング》」）、また大統領の政策的方向についても所属政党をこえて賛否が表明されるところから、アメリカの議会は、政党の拘束力が相対的に弱いという特徴にある。

大統領と行政機構　合衆国の歴代大統領は、表2-2のとおりである。大統領は、国家元首、行政府の首長、軍総司令官、所属政党のリーダーの役割を兼務し、最高裁判所裁判官などの任命権者であり、条約の締結権も有している（第二条二節二項）。また、議会解散権を有してはいないが、弾劾裁判をもって有罪とされない限り、解任されることはない（弾劾裁判の例は、一八六八年のA・ジョンソンと一九九九年のクリントンの場合があるので、いずれの場合も有罪とするに必要な上院の三分の二を欠き、弾劾裁判は成立していない。したがって、弾劾裁判によって解任された大統領はいない）。また、大統領の被選挙権は、「出生により合衆国の市民」であり、「一四年間合衆国に居住」する三五歳以上のものとされている（第二条一節五項）。

大統領の選出過程は、まず、全国党大会への派遣代議員の選出から始まる。その方法は、コーカス（caucus）方式と予備選挙（primary election）方式とがあるが、多くの州では予備選挙方式が採用されている。こうして選ばれた代議員によって、七月と八月に党全国大会《ナショナル・コンヴェンション》が開かれ、民主・共和両党の大統領・副大統領候補が決定される。両党の候補者は、九月に入るや全国遊説・選挙戦を開始し、一一月の第一月曜日の次の火曜日に、有権者は一般投票をもって五一選挙区の大統領選挙人を選出する。選出された大統領選挙人は、一二月の第二水曜日の翌週の月曜日に大統領・副大統領を選び、大統領選挙人の過半数を得た候補者が翌年の一月二〇日の正午に就任することになっている（なお、上・下両院議員の任期は、選挙年の翌年の一月三日の正午に始まる。第二〇修正）。また、各州の大統領選挙人数は、当該州の連邦上・下両院議員の総数と同数とされ（図2-1を参照）、一九六一年に成立した第二三修正によって認められた首都ワシントン（コロンビア特別区）の三名を加えて、五三八名から構成されている。なお、ほとんどの選挙区では「勝者が全て《ウィナー・テイク・》（の選挙人票）を握る《オール》」という方式（勝者総どり方式）が採用されているため、大統領選挙人の投票を待たずとも、一般投票の結果をもって大統領・副大統領は、事実上、確定することになる。

大統領に選ばれるための制度的要件は大統領選挙人の過半数を占めることとされており、州や一般投票の過半数を占める必要はない。したがって、例えば、一八八八年や二〇〇〇年選挙のように、一般投票と大統領選挙人投票の結果が逆転することも起こり得る。いずれの候補者も過半数を占め得なかった場合には、「高得票者三名以下」

図2－9　裁判システム

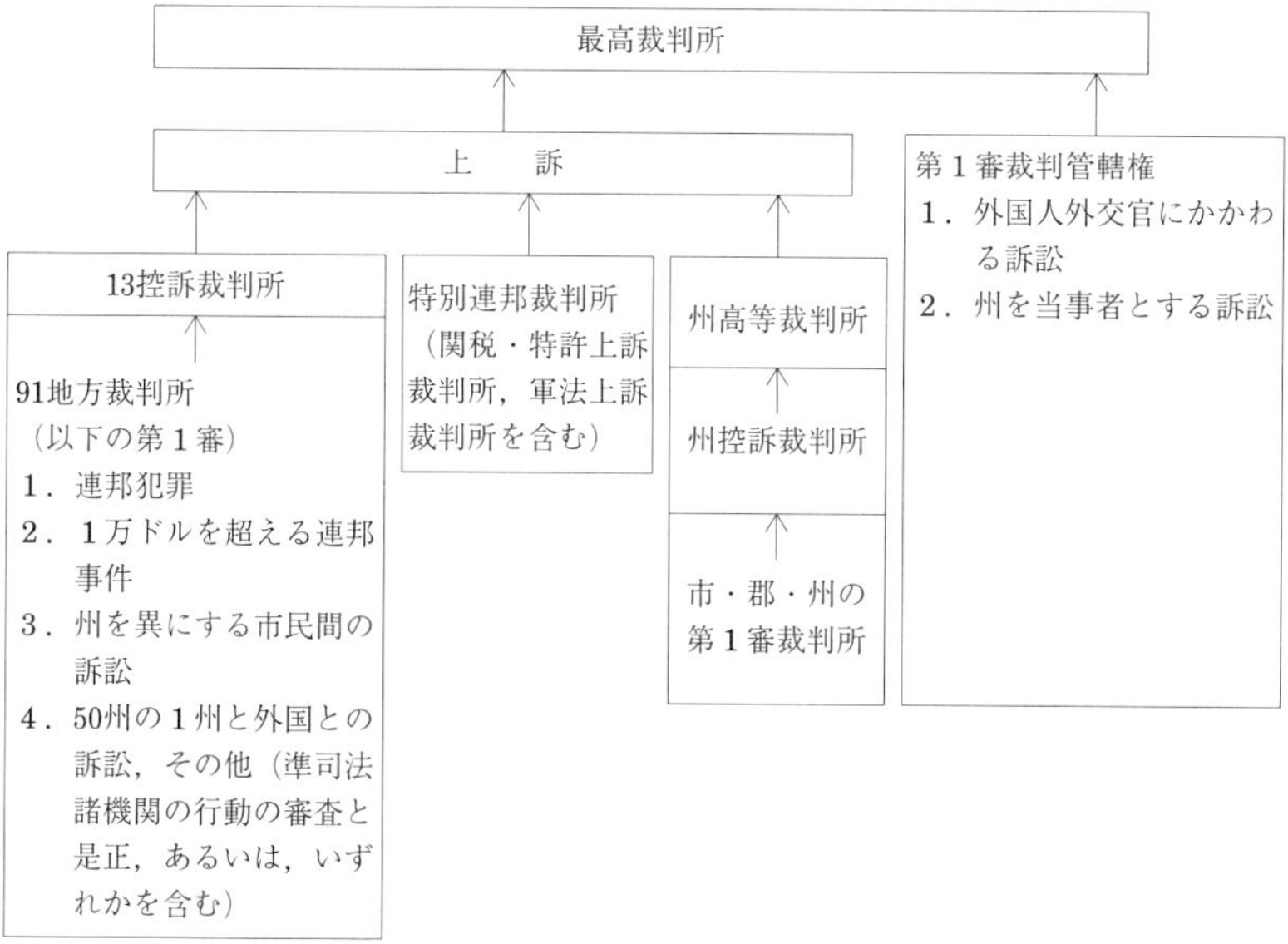

〔出典〕 David Mckay, *American Politics & Society*, 6th edition, Blackwell, 2005, p. 282.

から州を単位として下院の決選投票に持ち込まれることになるが、その例は、一八二四年の選挙戦を最後として、こうした事態は起こっていない。

行政府の機構は、図2-8のとおり、大統領・大統領府（Executive Office of the President）・一五の行政諸省（Departments）・独立行政機関（Independent Establishments）・公社（Government Corporations）から編成されている。大統領府は、ブラウンロー委員会の勧告をうけて成立した「行政再編法（Reorganization Act, 一九三九年）」をもって発足したものであり、大統領補佐官を含むホワイト・ハウス・スタッフ、行政管理予算局（前身は、一九二一年に設置された予算局）、経済諮問会議（一九四六年設置）、国家安全保障会議（一九四七年設置）、米国通商代表部などから構成されている。大統領府は、大統領の補佐機関であるだけに、大きな政策的イニシアティブを発揮することが多い。

一五の行政省の長官は、大統領・副大統領の主宰のもと、国連大使などとともに内閣《キャビネット》を構成している。初代大統領G・ワシントン治下にあって、行政諸省は、国務・財務・国防の三省をもって発足するのであるが、アメリカの社会的・経済的変化や国際関係への関与の深まりのなかで、その後、内務（一八四九年）、司法（一八七〇年）、農務（一八八九年）、商務（一九〇三年）、労働（一九一三年）の各省が設置され、戦後においては、さらに、保健・社会福祉（一九五三年）、住宅・都市開発（一九六五年）、運輸（一九六六年）、エネルギー（一九七七年）、教育（一九七九年）、退役軍人（一九八八年）の各省の発足をみている。国防省は、一九四七年の「国家安全保障法」をもって国防総省《ペンタゴン》に再編されている。なお、「国土安全保障省」は、二〇〇一年九月一一日の同時多発テロ事件をうけて、テロ対策関連部門の総合機関として二〇〇三年に設置されているが、こうした事態のなかで「治安国家《セキュリティ・ステート》」化もすすんだとされる。また、独立行政機関と公社は、TVAや郵便事業局のような公的経営機関、全国労働関係局や証券取引委員会のような調整・規制機関、中央情報局（CIA）のようないずれにも属さない多くの機関から構成され、軍人を除く連邦公務員の総数は約二八五万人（一九九五年）で、その総数は、州と地方の公務員が増大していることに比べると、一九六〇年以降、ほとんど横ばい状況にあるという特徴を示している。

連邦司法部　合衆国憲法は、「司法権は、一つの最高裁判所、および連邦議会が随時制定し設置する下級裁判所に属する」（第三条一節）と規定し、第三条二節において、司法権の範囲を列記している。また、連邦裁判所は、ひとつの最高裁、一二地区とD・Cに置かれた控訴裁、D・Cを含めて九一の地方裁からなり、また、州レベルの裁判制度もしき、連邦最高裁を最終審査機関としている（図2-9を参照）。裁判官は、上院議員の過半数の承認を得て大統領が任命することになっており、原則として終身保証にある。

合衆国司法部の権限は相対的に厳格な権力分立論において制約されてはいるものの、裁判所には「違憲立法審査

表2-4　大統領選挙結果（1928年-1996年）

年	大統領候補	所属政党	選挙人数	一般投票数	%	獲得選挙区数
1928	Herbert Hoover	Republican	444	21,392,190	58.2	42
	Alfred E. Smith	Democratic	87	15,016,443	40.8	6(all Southern)
32	Franklin D. Roosevelt	Democratic	472	22,821,857	57.3	42
	Herbert Hoover	Republican	59	15,761,841	39.6	6(all North Eastern)
36	Franklin D. Roosevelt	Democratic	523	27,751,597	60.7	46
	Alfred M. Landon	Republican	8	16,679,583	36.4	2(Maine and Vermont)
	Norman Thomas	Socialist	0	187,720	0.5	0
40	Franklin D. Roosevelt	Democratic	449	27,244,160	54.7	38
	Wendell L. Wilkie	Republican	82	22,305,198	44.8	10
	Norman Thomas	Socialist	0	99,557	0.2	0
44	Franklin D. Roosevelt	Democratic	432	25,602,504	52.8	36
	Thomas E. Dewey	Republican	99	22,006,285	44.5	12
	Norman Thomas	Socialist	0	80,518	0.2	0
48	Harry S. Truman	Democratic	303	24,179,345	49.5	32
	Thomas E. Dewey	Republican	189	21,991,291	45.1	12
	J. Strom Thurmond	States' Rights Dem.	39	1,176,125	2.4	4(all Southern)
	Henry A. Wallace	Progressive	0	1,157,326	2.4	0
	Norman Thomas	Socialist	0	139,572	0.2	0
52	Dwight D. Eisenhower	Republican	442	33,936,234	55.2	40
	Adlai E. Stevenson	Democratic	89	27,314,992	44.5	8(all Southern)
56	Dwight D. Eisenhower	Republican	457	35,590,472	57.4	41
	Adlai E. Stevenson	Democratic	73	26,022,752	42.0	7(all Southern)
60	John F. Kennedy	Democratic	303	34,226,731	49.9	23
	Richard M. Nixon	Republican	219	34,108,157	49.6	26
64	Lyndon B. Johnson	Democratic	486	43,129,484	61.1	46
	Barry M. Goldwater	Republican	52	27,178,188	38.5	5(Southern and Arizona)
68	Richard M. Nixon	Republican	301	31,785,480	43.3	32
	Hubert M. Humphrey	Democratic	191	31,275,166	42.7	14
	George C. Wallace	American Independent	46	9,906,473	13.5	5(all Southern)
72	Richard M. Nixon	Republican	520	47,169,911	61.3	49
	George McGovern	Democratic	17	29,170,383	37.3	2(DC and Massachusetts)
	John G. Schmitz	American	0	1,099,482	1.4	0
76	Jimmy Carter	Democratic	297	40,830,763	50.1	24
	Gerald R. Ford	Republican	240	39,147,973	48.0	27
	Eugene J. McCarthy	Independent	0	756,631	1.0	0
80	Ronald Reagan	Republican	489	42,951,145	51.0	46
	Jimmy Carter	Democratic	49	34,663,037	41.0	5
	John B. Anderson	Independent	0	5,551,551	7.0	0
84	Ronald Reagan	Republican	525	54,450,603	59.2	49
	Walter Mondale	Democratic	13	37,573,671	40.8	2(DC and Minnesota)
88	George Bush	Republican	426	47,917,341	54.0	40
	Michael Dukakis	Democratic	112	41,013,030	46.0	11
92	Bill Clinton	Democratic	370	44,908,233	43.0	32
	George Bush	Republican	168	39,102,282	37.4	18
	Ross Perot	Independent	0	19,741,048	18.9	0
96	Bill Clinton	Democratic	379	45,628,667	49.0	31
	Bob Dole	Republican	159	37,869,435	41.0	19
	Ross Perot	Independent	0	7,874,283	8.0	0
2000	George W. Bush	Republican	271	50,456,002	47.9	30
	Al Gore	Democratic	266	50,999,897	48.4	21
	Ralph Nador	Green	0	2,882,995	2.7	0
04	George W. Bush	Republican	286	60,645,844	51.0	31
	John Kerry	Democratic	252	57,313,461	48.0	20
	Ralph Nador	Independent	0	406,940	0.3	0
08	Barack H. Obama	Democratic	365	69,456,897	(52.92%)	
	John S. McCain	Republican	173	59,934,814	(45.67%)	

〔出典〕 David Mckay, *American Politics & Society*, 4th and 5th edition, Blackwell, 1997, 2005.

権」が認められているものと理解されている。「違憲立法審査権」そのものは憲法に明定されていないが、『ザ・フェデラリスト』（第七八篇）において明示されている。また、一八〇〇年の政権移動にからんで起こった「マーベリー対マディソン（Marbury v. Madison）事件」において、J・マーシャル長官（一八〇一～三五年在任）の判決によって明確なものとなった。

連邦最高裁は、政治的争点のなかでその歴史を辿ってきたといえよう。すなわち、マーシャル・コートにあっては、国権・州権論争とかかわり、これをついだトーネー・コートにあっては、例えば、「ドレッド・スコット（Dred Scott）事件」（一八五七年）に認められるように、奴隷制をめぐる論争とかかわらざるを得なかった。南北戦争後にあっては、アフリカ系アメリカ人の市民権や労使紛争をめぐる争点と対応せざるを得なかったし、ニューディール期（一九三三～三九年）にあっては、行政機能の拡大のなかで、ニューディールの基軸立法に対し繰り返し違憲立法審査権を発動し、行政部との対立を強くする局面もあった。戦後に至っては、アフリカ系アメリカ人の公民権問題（例えば、一九五四年のブラウン対教育委員会事件）、あるいはベトナム戦争の泥沼化もからんで表面化した「ペンタゴン・ペーパー事件」や「ウォーターゲート事件」（一九七二年発覚、一九七四年ニクソン辞任）への対応も迫られてきたのである。

3　選挙民の動向とアメリカ外交――むすびにかえて

建国当初、多くの州で投票権に財産資格制限が付されていたが、一八三〇年までには南部を除いてこうした制限は廃止され、一九二〇年には女性参政権も制度化されるに至り（第一九修正）、今日では一八歳以上の市民であれば選挙権を有することになっている。ただし、投票に際し、事前の投票者登録制が採用されている。また、南北戦争後に成立した第一五修正（一八七〇年）において、「合衆国市民の投票権は、人種、体色、または従前の労役の状態を理由として、合衆国または州により拒否され、または制限されることはない」と規定されたにもかかわらず、南部諸州にあっては、実力行使をもって、さらには読み書き能力テストを課することによってアフリカ系アメリカ人の選挙登録の排除が図られた。こうしたアフリカ系アメリカ人に対する差別は、一九六〇年代の公民権法によって制度的には排除されている。

一九二八年以後の大統領選挙の結果は表2-4のとおりであるが、一九六八年の選挙を境として選挙民の政党支持状況に変化が認められよう。大統領選挙の歴史に即してみると、例えば、一八六〇年や一九三二年の選挙戦のように、支配政党の交替や政党状況の再編成を伴う選挙戦があったことがわかる。こうした選挙戦は、「分岐点型選挙《クリティカル・イレクション》」と呼ばれている。この点で、一九三二年の選挙戦を「分岐点型選挙」とし、アイゼンハワーの二期政権（いわゆる「逸脱型選挙《ディーヴィエイティング・イレクション》」）を除いて民主党政権が続いてきたのであるが、この傾向は、一九六八年選挙を境として崩れ、いわゆる「民主党の時代」、「ローズヴェルト連合」の時代は終わったと、また「ニューディール型介入主義的自由主義」から「脱介入主義型保守的自由主義」へと移行したと見なされている。この点では、規制緩和・民営化・労働のフレキシビリティ化・福祉国家型支出の削減を特徴とした市場中心型新保守主義的政策への転換期であったことを示している。

一九六九年のニクソン政権の成立以降、共和党優位の傾向が認められ、二〇〇三年の第一〇八議会からは共和党が大統領職をおさえるとともに、上下両院の多数党となることで、いわゆる「統一型政府《ユナイテッド・ガヴァメント》」が成立するのであるが、この状況は、二〇〇七年の第一一〇議会の流動的状況を経て、二〇〇九年の第一一一議会では民主党優位の

表2-5　2004年大統領選挙の投票分布（%）

	Bush		Kerry		Bush		Kerry
	2004	2000	2004		2004	2000	2004
人種とジェンダー				宗　教			
White Men（36%）	62%	n.a.	37%	Protestant（54%）	59%	+3	40%
White Women（41%）	55%	n.a.	44%	Catholic（27%）	52%	+5	47%
Non-White Men（10%）	30%	n.a.	67%	Jewish（3%）	25%	+6	74%
Non-White Women（12%）	24%	n.a.	75%	Other（7%）	23%	−5	74%
ジェンダー				None（10%）	31%	+1	67%
Male（46%）	55%	+2	44%	支持政党			
Female（54%）	48%	+5	51%	Democrat（37%）	11%	+0	89%
人　種				Republican（37%）	93%	+2	6%
White（77%）	58%	+4	41%	Independent（26%）	48%	+1	49%
African-American（11%）	11%	+2	88%	イデオロギー			
Latino（8%）	44%	+9	53%	Liberal（21%）	13%	+0	85%
Asian（2%）	44%	+3	56%	Moderate（45%）	45%	+1	54%
Other（2%）	40%	+1	54%	Conservative（34%）	84%	+3	15%
所　得				地　域			
Under $15,000（8%）	36%	n.a.	63%	Northeast（22%）	43%	+4	56%
$15-30,000（15%）	42%	n.a.	57%	Midwest（26%）	51%	+2	48%
$30-50,000（22%）	49%	n.a.	50%	South（32%）	58%	+3	42%
$50-75,000（23%）	56%	n.a.	43%	West（20%）	49%	+3	50%
$75-100,000（14%）	55%	n.a.	45%	コミュニティ規模			
$100-150,000（11%）	57%	n.a.	42%	Big Cities（13%）	39%	+13	60%
$150-200,000（4%）	58%	n.a.	42%	Smaller Cities（19%）	49%	+9	49%
$200,000 or more（3%）	63%	n.a.	35%	Suburbs（45%）	52%	+3	47%
年　齢				Small Towns（8%）	50%	−9	48%
18-29（17%）	45%	n.a.	54%	Rural（16%）	59%	+0	40%
30-44（29%）	53%	+4	46%	最重要課題			
45-59（30%）	51%	+2	48%	Taxes（5%）	57%	n.a.	43%
60 and older（24%）	54%	+7	46%	Education（4%）	26%	n.a.	73%
教　育				Iraq（15%）	26%	n.a.	73%
No high school（4%）	49%	+10	50%	Terrorism（19%）	86%	n.a.	14%
H. S. graduate（22%）	52%	+3	47%	Economy / Jobs（20%）	18%	n.a.	80%
Some college（32%）	54%	+3	46%	Moral Values（22%）	80%	n.a.	18%
College graduate（26%）	52%	+1	46%	Health Care（8%）	23%	n.a.	77%
Postgrad study（16%）	44%	+0	55%	イラク参戦			
ゲイ・レズビアン・バイセクシュアルの賛否				Approve（51%）	85%	n.a.	14%
Yes（4%）	23%	−2	77%	Disapprove（45%）	12%	n.a.	87%
No（96%）	53%	+3	46%				

〔出典〕 David Mckay, *op. cit.*, 2005, p. 106.

「統一型政府」に変わっている。（表2-3を参照）。だが、選挙民の動向は争点や人権と階層などを異にして不安定な状況にある（表2-5を参照）。また、二〇〇四年の選挙は、前回の少数大統領の〝勝利〟というインパクトをとどめ、九・一一事件も重なって投票率は、やや上向きに転じ、二〇〇八年の選挙結果にも同様の傾向が認められるものの、無党派は、なお多いし、選挙民が政党の枠組みにとらわれず大統領と連邦議員とを、あるいは上・下両院議員とを分けて投票するという「分割型投票《スプリット・ティケット・ボーティング》」の傾向も続いている。かくして、選挙民は投票によって意向を表示するという伝統的な制度的形態から、利益集団によって〝圧力〟を行使する傾向を強くしているのではないかという点で「脱選挙《ポスト・エレクトラル》の時代」をむかえているともいわれている。

アメリカの外交政策は大統領を中心に国務省と国防総省や国家安全保障会議によって策定されているが、歴史的には、いわゆる「孤立主義」と「国際主義」の両面の複合的形態のうちに展開されてきた。すなわち、一九世紀のアメリカ外交は対ヨーロッパとの関係においては〝孤立主義的〟であったとしても、大陸大的には〝膨張主義的〟であったし、二〇世紀に入ってからは西半球・太平洋地域を中心として海洋大的〝干渉主義的〟方向を強くしている。また、第二次世界大戦後は、国際機関に影響力を行使することで、あるいは〝熱戦〟にも訴えることで資本主義世界体制の盟主の役割を果たしてきた。

いわゆる「グローバル化」は九一年のソ連や社会主義世界体制の崩壊の一要因となったが、そのことで、「グローバル化」に弾みがつくことにもなった。その背景にはアメリカ経済が市場と資源を、また、投資と労働力を海外に依存しているという構造とも結びついている。

二〇〇一年に発足したブッシュ政権は「単独行動主義《ユニラテラリズム》」の方向を強くしたとされる。それは京都議定書からの離脱や国際刑事裁判所の設置にたいする反対にもあらわれているし、さらには、二〇〇二年には「先制攻撃論」を掲げて、翌年にイラクに軍事介入している。こうして、「非公式《インフォーマル》の帝国」という概念があらためて浮上することになった。

二〇〇八年の大統領選挙ではアメリカ史上、はじめてアフリカ系アメリカ人の大統領候補が勝利を収めた。この政府は、「グローバル化」のなかで国境を超えた相互依存関係が深まるとともに、世界的経済危機のなかで、出発しただけに、従来の政策的方向に一定の変更を迫られることになろう。

［中谷義和］

【参考文献】

①斎藤眞『アメリカ政治外交史』東京大学出版会、一九七五年
②E・S・グリンバーグ（瀬戸岡訳）『資本主義とアメリカの政治理念』青木書店、一九九四年
③ハミルトン／ジェイ／マディソン（斎藤・中野訳）『ザ・フェデラリスト』岩波文庫、一九九九年
④アメリカ学会訳編『原典・アメリカ史』全九巻、別巻二巻、岩波書店、一九五〇〜二〇〇六年
⑤合衆国商務省編（斎藤／鳥居監訳）『アメリカ史統計』全二巻、別巻一巻、原書房、一九八六〜八七年
⑥斎藤眞／金関寿夫／亀井俊介監修『アメリカを知る事典』平凡社、一九八六年
⑦田中英夫（編集代表）『英米法辞典』東京大学出版会、一九九一年
⑧デヴィッド・ハーヴェイ（本橋哲也訳）『ニューインペリアリズム』青木書店、二〇〇五年

第3章　フランスの政治制度

1　フランス政治体制の変遷

フランスは「あらゆる政治システムの実験室」・「憲法の見本市」といわれてきた。一七八九年のフランス革命後、人権宣言を踏まえて制定された最初の近代的成文憲法である一七九一年憲法から現行の第五共和制憲法に至るまで、いくたびかの革命と反動を経て、想定しうるあらゆる政治制度を経験し、憲法改正は実に一五回以上にもおよび、憲法の平均持続年数は一二～一三年と短命である。したがって政治システムは、立憲君主制（一七九一年憲法、一八一四年憲章、一八三〇年憲章）、共和制（一七九三年憲法、一七九五年憲法、一八四八年の第二共和制憲法、第三～第五共和制憲法）、帝制ないしボナパルティスム（一八〇四年憲法、一八五二年憲法）の間を揺れ動き、統治構造も、行政府優位と立法府優位の制度間を中間形態を含みつつ「振り子」のように揺れてきた（M・デュベルジェ『フランス憲法史』みすず書房、一九九五年を参照）。

第三共和制期（一八七〇～一九四〇年）には、革命以来の憲法原理が体系化されて、議会中心の近代立憲主義が確

図3-1 現代フランスの行政区分（本土）

〔出典〕 *L'Etat de la France 94-95*, Paris, Éditions La Découverte, 1994.

図3-2　フランスの国家体制の変化

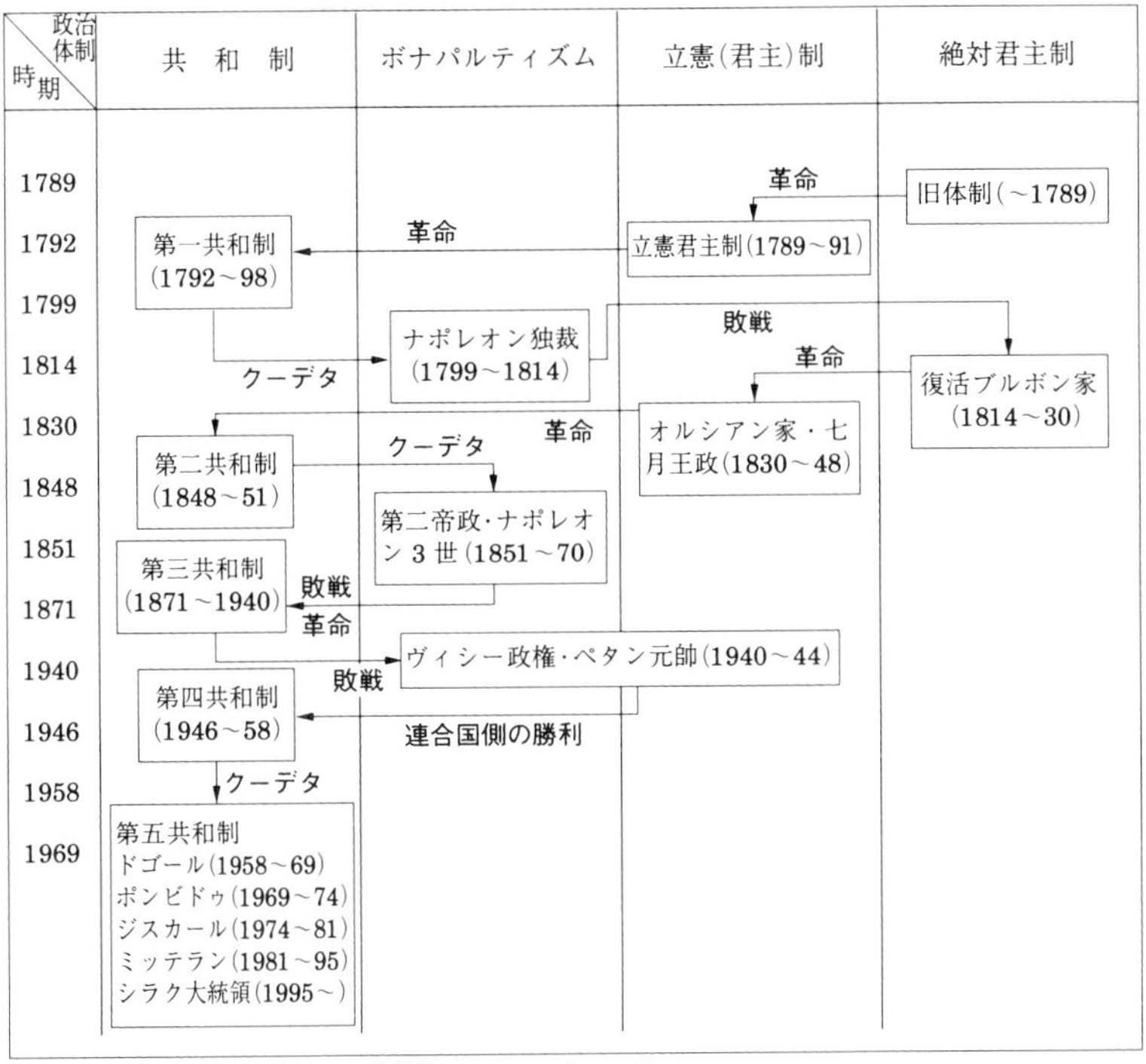

〔出典〕　河合秀和『比較政治入門』有斐閣アルマ，1996年，105頁。

立した。第二次大戦後の第四共和制憲法（一九四六年憲法）は、象徴的・名目的大統領を持ち国民議会を最高の政治機関とする一元型議院内閣制＝議会優位の体制を骨格とし、前文で社会権を保障することで「民主的・社会的共和国」の確立を目指した。主権の点では、革命期に確立された「国民主権」（souveraineté nationale）原理が、男子普通選挙制の定着を背景とした第三共和制期の「半代表制」（le régime semi-représentatif）を経て第四共和制憲法の「人民主権」（souveraineté populaire）原理へと展開され、憲法改正手続きに人民の直接意思を部分的に導入する「半直接制」（le régime semi-direct）を採用するに至る。

しかし、このような第四共和制（一

九四六～五八年）も、それを支える政治勢力の分裂と弱さ、中央統治権力の空洞化により、内外危機に対応できず、わずか一二年で終わる（二五の内閣が交替、平均寿命六カ月半）。第四共和制憲法体制の特質は、国民議会の権限が圧倒的に大きく、他方、政府・大統領の権限は議会によって制限される議会優位の議院内閣制にある。そして、この体制の担い手は小党分立の多党制を基盤とする脆弱な連立内閣であり、内外危機への積極的対応と強力なリーダーシップの発揮をなしえなかった。議会も無力で、必要に迫られて政府に立法・全権委任を行う習慣が生長しており、議会および政府は「退嬰主義」（immobilisme）か「院内駆引政治」へ堕していた。政治は国民から遊離し、議会制への国民の不信と嫌悪が生まれていた。ここに第四共和制崩壊の致命的病根があり、執行権優位の権威主義的ド・ゴール体制＝第五共和制憲法体制成立の一前提が形成されていた。一九五八年五月、独立戦争で泥沼化した仏領植民地アルジェリアに固執する同地駐留軍と植民者たちが、植民地を維持しうる強力政権の樹立を本国に要求してクーデタを起こした。無力な政府は、事態収拾を「フランス解放の英雄」＝ド・ゴール将軍に委ねた。議会は彼にアルジェリア問題への全権委任と憲法改正提案権を与えた。九月、司法相ドブレを中心に起草された憲法草案が国民投票にかけられ、フランス史上最高の八〇％を超える投票率と得票率で新憲法が承認された。この高い比率は、第四共和制への国民の訣別の意思表明である。新憲法は一〇月に公布・施行され、第五共和制が成立した。

2　第五共和制の政治制度の特徴

1　憲法の基本原理と特徴

現行のフランスの政治制度は「第五共和制」と呼ばれ、それを規定しているのは第五共和制憲法（一九五八年憲法、通称「ド・ゴール憲法」）である。この憲法は、前文と全一六章八九条から成り、施行から二〇〇三年三月までに一七回の改正を経て今日に至っている。したがって以下では、憲法に則して、その基本原理および制度上の特徴を何点かにまとめておきたい。

共和国の構成　これまでフランス共和国は、自らを「単一国家」と規定している。すなわち、国旗（三色旗）、国歌（ラ・マルセイエーズ）、標語（自由・平等・博愛）、原理（人民の、人民による、人民のための政治）を定め、非差別、法の下での平等、信条の自由を尊重する「不可分の、非宗教的、民主的かつ社会的な共和国」とし、一九九二年六月の憲法改正で言語をフランス語に指定することによって、この一体性を一層強化してきた（憲法一・二条）。しかしその後、二〇〇三年三月に憲法を改正し、第一条に「共和国の組織は分権化される」として、地方分権を憲法の基本原理として位置づけた。同時に、第七二～七四条で自治体の位置づけ・役割・権限を明確にすることで、共和国の不可分性と地方分権の両原理の両立を意図した。中央集権的単一国家と言われてきたフランスが、ヨーロッパ統合の流れに対応するかたちで地方分権化をその原理としたことは重要な変化である。

権力構成　第一の特徴は、共和国大統領の超越的地位の確立と権限の拡大・強化であり、第三共和制以来の議会中心主義から大統領を中心とする執行権優位の統治体制への移行である。この執行権の強化は、小党分立の政党政治に基づく議会優位の第三・第四共和制の下での政治的無能状況への訣別と、政党および議会から超然とした強力な政治的リーダーシップ＝執行権力の必要性（立法権と執行権の厳格な分離を意味）を意味する。また、一九六二年の憲法改正（憲法一一条手続きによる）で、大統領の選出方法を、国会議員、海外領土議員およびコミューン（市町村）の代表者から成る選挙人団による間接選挙制から、国民の直接普通選挙制に変えた。これによって共和国大統領は、議会と並ぶ正統性を手にした。とはいえ、憲法制定当初は、大統領直接公選制は採用されておらず、その点では大統領中心主義への完全な転換が企図されていたわけではない。また、フランスの大統領制は、国民議会の信任を必要とする政府を持つ。大統領が首相を任免し、首相の提案に基づき他の閣僚を任免するなど、政府は大統領に従属すると同時に国民議会の信任をも必要とする（二元型議院内閣制構造の存在）。現実政治上も、大統領の統治は議会内多数派に依拠せざるをえない。この意味で、第五共和制憲法の統治形態を「大統領制に傾斜した、議院内閣制と大統領制との中間形態」ないし「半大統領制」と捉えることもできる。したがって、この制度の下では、大統領制とも議院内閣制とも異なる関係が政府と議会の間に形成され、それが政治勢力の配置によって、大統領制的（一九五八～八六年、八八～九三年、九五～九七年、二〇〇二年以降）にも議院内閣制的（一九八六～八八年、九三～九五年、九七年～二〇〇二年まで三度の保革共存政権＝コアビタシオン cohabitation がその例）にも運用されうる。こうした政治制度は、英米との比較でも独自である。大統領制のアメリカでは、政府の首長で実質的権限を持つ大統領は議会に責任を負わず議会解散権も持たない。大統領と議会は完全に分離され、それぞれが執行と立法を担当する。他方、議院内閣制のイギリスでは、国家元首たる君主は名目的な存在で、議会で指名される首相が実権を握る。首相は議会に対して責任を負い、相応して議会解散権を持つ（一元的議院内閣制）。フランスでは、大統領が議会解散権を持ち、大統領に任命される首相＝政府が議会に責任を負う点でアメリカと異なる。また、国家元首であり無答責の大統領が実質的な政治的権限を持ち、首相が議会にも大統領にも責任を負う点でイギリスとも異なっている。実権を持つ大統領と、議会に責任を負う首相との共存がフランスの特徴である（「双頭の執行権」）。

第二の特徴は、議会に対する行政権優位の確立、逆にいえば、議会の弱体化と権限の縮小である。すなわち、第五共和制下の国会は「合理化された議会制」（parlementarisme rationalisé）としてその権限が大きく制限され、行政権の安定が図られた。国会は当然立法権を有するが、法律の管轄事項は憲法三四条に明示的に限定され、それ以外は命令事項（憲法三七条）として行政立法で律せられることになった。法律事項についても政府による委任立法の制度化が規定されている。また、国会会期も限定され、議員提出の法案・修正案には制限が課せられ、議事日程の編成権も政府が有し、国会は限定的法案審議の場となっている。さらに、こうした国会権限の限定性の確保、つまり憲法の枠からの国会の逸脱を監視するために憲法評議会（または憲法院 Conseil constitutionnel）という違憲審査機関が設置されている。「法律は一般意思の表明」であり、主権者国民の意思は議会を通じて表明されるとする伝統思想は大きく変更され、国会権限の限定と同時に、国民投票制や大統領直接選挙制の導入などを通して行政権が主権者と直接結びつくことによって、議会に対する行政権の優位が確立されたのである。

第三の特徴は、司法権は行政権や立法権と相対的に独自の地位にあり制度上権力分立を維持しているが、それらに対する有効な制御手段を持っていない点である。すなわち、立法権の弱化と執行権の優位の下で権力分立の原則は大きな修正を余儀なくされ、しかも司法裁判所には違憲立法審査権がなく行政裁判も行えないために、その権限は狭い。司法権について制度論的に説明すれば、①司法裁判所には、民事裁判所と刑事裁判所がある。控訴は控訴院になされ、終審裁判所の破毀院は、日本の最高裁に当たる。司法官（magistrat）の任命に当たるのは、司法官職高等評議会であり、裁判官部会と検察官部会がある（憲法六五条）。他方、②行政事件訴訟は、執行権に属する行政裁判所が担当する。当該事件の管轄判定は、司法大臣下の権限裁判所が行う。行政事件の第一審は地方行政裁判所で、第二審はボルドー、ドゥーアイ、リヨン、マルセイユ、ナント、ナンシー、そしてパリの高等行政裁判所、上級審は国務院（コンセイユ・デタ Conseil d'État、一七九九年創設）である。地方行政裁判所の裁判官は、現職行政官や国立行政学院（ENA）出の行政官である。国務院の修習官もすべてENA出身者である。国務院は、政府の行政・立法への助言や諮問に答える五つの部と、行政訴訟を扱う訴訟部から成る。日本の内閣法制局と最上級行政裁判所の複合機関が国務院であるともいえる。訴訟部の判決への上訴・破毀申立ては許されない。③大統領の大逆罪や政府構成員の職務上の刑事責任は、司法裁判所とは別の裁判所、すなわち前者は高等法院で、後者は共和国司法院で裁判される（憲法六八条、六八条一・二項）。④法律の合憲性審査は憲法評議会のみが行いうる（憲法五六〜六三条）。法律のうち組織法律（憲法四六条）は審署前に、議院規則は施行前に憲法評議会の審査と裁決を受けなければならない。違憲の判断がなされると、廃案となるか違憲部分を削除するかになる。憲法評議会の判決には、いかなる申立てもできず、公権力およびすべての行政・司法機関を拘束する（憲法六二条）。この点で同評議会は、立法手続きの一環であると同時に裁判機関的性格をもつ。なお、議員による提訴が認められたのは一九七四年の憲法改正からであり（憲法六一条）、以来、同評議会による合憲性審査は、議会の少数派が法案成立を阻止する有力な武器になっている。合憲性審査は、裁判を通しての人権擁護という点では重要な意味があるが、同時に、これを通して憲法評議会が大きな政治的影響力を行使していることも否定できない。

主権と人権に関する特徴　まず主権については、第四共和制憲法と同様の「人民主権」規定の下、国民投票などの導入によって「半直接制」を採用し、民主的共和制を基本原理とした。すなわち一七九三年憲法以外の諸憲法では、議員選挙や憲法改正の国民投票などに主権者の政治参加が限定されていたのに対して、第五共和制憲法では、一一条に定める法律案についても国民投票が適用され、主権者の参加が拡大された。しかし、命令的委任が禁止されて人民の主権行使に限界があることや、逆に、大統領の任意性による国民投票が大統領の独裁的権限の正当化と追認を目的とする「プレビシット」（plébiscite）として機能する危険性もある。人権面での特徴は、近代憲法の基本要素たる基本的人権に関する固有の保障規定がない点である。ただしフランスの場合、憲法本文に人権規定を置く伝統はあまりない。第五共和制憲法では、一七八九年の人権宣言で保障された自由、所有、安全、抵抗の諸権利、第四共和制憲法前文で確認・補充された人権と国民主権の尊重を、前文と第六六条などで嘔うに留めている。また、これまでフランスにおける人権の法的保障は行政裁判所などでの判例を通して確立されてきたが、これらだけでは人権保障実現には不十分であり、この点についての憲法規範の確立と、違憲立法審査権を持った裁判機関の実現が不可避的課題となった。この点では、憲法評議会がその本来的役割を拡大して近年（一九七一年の結社の自由判決以降）人権保障機関化することによって一定の人権保障手続きが確立されつつある（フランスにおける「法治国家」の成立）。

以下では、中央と地方の政治制度について詳述しておく。まず、中央統治機構の行政権に関わる、大統領、政府、首相、および国会の役割や構成、他の政治制度との関わりについて述べる。

2　共和国大統領（憲法五〜一九条）

地位と役割　国家元首で行政権の長でもある第五共和制下の大統領の最大の権限は、緊急措置権である（憲法一六条）。大統領は、憲法、公権力、共和国の独立と一体性の維持、共同体の協定や条約尊重の保障者の役割を持ち、統治機構上の「要」として最も重要な位置を占める。これらが重大な危機に陥る場合には、大統領は措置権を発動する。非常事態発生の判断、措置内容や期間、解除の判断は、首相等の意見にも拘束されず、大統領自身が行う。発動に当たっては司法の統制も及ばない。したがって大統領は、ド・ゴールが望んだように、国会を超えた位置で政府を自己に従属させ、国家全体の見地から高度に政治的な行為を強力に推進しうる地位を保障されたといえる。

他方、大統領は、大逆罪の場合を除き、職務上の行為の責任を問われない（憲法六八条）。大統領の行為のうち大臣の副署を必要とするものについては、その大臣が責任を負う。大逆罪で有罪とされた場合にはその地位を失うが、

表３－１　第五共和制下の政権

大統領	首　相	首相在任期間
シャルル・ド・ゴール（Charles DE GAULE）		
任期：1958-69	ミシェル・ドブレ（Michel Debré）	1959. 1. 8-1962. 4.14
	ジョルジュ・ポンピドー（George Ponpidou）	1962. 4.14-1962.11.28
	ジョルジュ・ポンピドー	1962.11.28-1966. 1. 8
	ジョルジュ・ポンピドー	1966. 1. 8-1967. 4. 1
	ジョルジュ・ポンピドー	1967. 4. 6-1968. 7.10
	モーリス・クーヴド・ミュルヴィユ（Maurice Couve de murville）	1968. 7.10-1969. 6.20
ジョルジュ・ポンピドー（George POMPIDOU）		
任期：1969-74	ジャック・シャバン=デルマス（Jacque Chaban-Delmas）	1969. 6.20-1972. 7. 5
	ピエール・メスメル（Pierre Messmer）	1972. 7. 5-1973. 3.28
	ピエール・メスメル	1973. 4. 2-1974. 2.27
	ピエール・メスメル	1974. 2.27-1974. 5.27
バレリー・ジスカール・デスタン（Valéry GISCARD D'ESTAING）		
任期：1974-81	ジャック・シラク（Jacque Chirac）	1974. 5.27-1976. 8.25
	レイモン・バール（Raymond Barre）	1976. 8.25-1977. 3.29
	レイモン・バール	1977. 3.29-1978. 3.31
	レイモン・バール	1978. 4. 3-1981. 5.21
フランソワ・ミッテラン（François MITTERRAND）		
任期：1981-88	ピエール・モーロワ（Pierre Mauroy）	1981. 5.21-1981. 6.22
	ピエール・モーロワ	1981. 6.22-1983. 3.22
	ピエール・モーロワ	1983. 3.22-1984. 7.17
	ローラン・ファビウス（Laurent Fabius）	1984. 7.17-1986. 3.20
	ジャック・シラク	1986. 3.20-1988. 5.10
フランソワ・ミッテラン		
任期：1988-95	ミシェル・ロカール（Michel Rocard）	1988. 5.10-1988. 6.23
	ミシェル・ロカール	1988. 6.23-1991. 5.15
	エディス・クレッソン（Edith Cresson）	1991. 5.16-1992. 4. 2
	ピエール・ベレゴヴォワ（Pierre Bérégovoy）	1992. 4. 2-1993. 3.29
	エドアール・バラデュール（Edouard Balladur）	1993. 3.29-1995. 5.11
ジャック・シラク（Jacque CHIRAC）		
任期：1995-	アラン・ジュペ（Alain Juppé）	1995. 5.17-1995.11. 7
	アラン・ジュペ	1995.11. 7-1997. 6. 2
	リオネル・ジョスパン（Lionel Jospin）	1997. 6. 2-2002. 5. 7
	ジャン=ピエール・ラファラン（Jean-Pierre Raffarin）	2002. 5. 7-2002. 6.17
	ジャン=ピエール・ラファラン	2002. 6.17-2004. 3.31
	ジャン=ピエール・ラファラン	2004. 3.31-2005. 5.31
	ドミニーク・ガルゾー・ドビルパン（Dominique Galouzeau de Villepin）	2005. 5.31-

〔出典〕草場安子『現代フランス情報辞典』大修館書店，1998年，139-140頁；D. et M. Frémy, *Quid 2004*, Robert Laffont; J.-C. Zarka, *Les institutions politiques français*, 2ᵉéd., Ellipses, 2003, pp. 52-53 などを参考に作成。

起訴には両院議員の絶対多数による可決が必要であり、大逆罪の構成要件を規定する法律もないので、実際的適用は困難である。その意味では、大逆罪は大統領職の非無答責性を理念的に示したに留まる。このように広範かつ強大な大統領の地位と役割は、他の先進資本主義諸国に類例を見ない。

任期と選挙　二〇〇〇年一〇月の憲法改正で任期は五年となった。これによって、任期五年の国民議会とのズレが解消されるとともに、国民も大統領も五年ごとに自らの意志をの表明をできるようになった。直接選挙で選ばれ、再選制限はない。大統領選挙は、空席発生時または憲法評議会が障害の確定性を宣言した日から、二〇日以降三五日以内の日曜日を第一回投票日として行われる。選挙権は一八歳以上の男女にあり、被選挙権は二三歳から、選挙運動は投票日前の一五日間、前日は不可である。選挙は二回投票制で、有効投票の過半数獲得者が当選する。該当者がいない場合、上位二人（辞退者があれば三位以下に繰下げ）の候補について二週間後の日曜日に第二回投票が行われ、多数得票者が当選する。二回投票制を採っているので、総選挙時と同様、第二回投票での逆転当選もありうる（例えば一九七四年、八一年、九五年の大統領選挙）。以下では、大統領権限を他の国家機関との関連で見ておきたい。

政府および行政に関する権限　①首相・閣僚の任免（憲法八条）。②閣議の主宰（憲法九条）。③閣議決定後の行政命令への署名（憲法一三条）。行政命令には、日本の政令に当たる施行令としてのデクレ（décret）、固有の行政立法としてのデクレ（大統領および首相が固有の権限として行う行政立法で、日本にこれに当たるものはない）、国会から授権される立法としてのオルドナンス（ordonnance）がある（憲法三七・三八条）。署名の拒否・遅延もでき（憲法一三条）、政敵への抗議や反対の意思表明、政策の阻止や修正に用いられる。④文官・武官の任命（憲法一三条）。⑤国軍の長（憲法一五条）。ただし国防責任者は首相とされ（憲法二一条）、規定上の曖昧さを残している。とはいえ、一九六四年のデクレによる核兵器使用決定権の大統領専属や緊急措置権などを考慮すると、大統領が優位にあるといえる。⑥大使・特使の信任状の授受。条約の締結交渉と批准（憲法五二～五三条）。⑦首相提案に基づく憲法の改正の発議（憲法八九条）。

国会に関する権限　①国民議会の解散権（憲法一二条）。②教書の朗読による国会への意思伝達（憲法一八条）。③公権力の組織、フランス共同体の協定承認、憲法に反しないが諸制度の運営に影響を与えうる条約の批准を目的とする法案を、政府または両院の共同提案に基づいて、国民投票に付すことができる（憲法一一条）。条件付とはいえ、大統領と政府が合意すれば、国会を無視して国民投票に訴え、国会の審議権を一方的に奪うこともできる。一九六二年（可決）と六九年（否決）の国民投票はこの事例である。さらに、一九九五年の憲法改正によって、「国民の経済社会政策および公的サービスに関する諸改革をもたらす法律」についても国民投票に委ねることができるようになり、この点での大統領の権限が強化された。④デクレによる臨時国会の開会（憲法三〇条）。⑤国会が制定した法律への審署（promulgation）。審署前に再審議の要求もできる。国会はこれを拒否できない（憲法一〇条）。ミッテランは一九八三年と八五年に、シラクは二〇〇三年にこれを行使した。⑥国会が制定した法律の審署前の合憲性審査請求（憲法六一条）。⑦三名の憲法評議会評議員の選任権（憲法五六条）。

司法に関する権限　①司法権の独立の保障（憲法六四条一項）、司法官職高等評議会の主宰、その構成員の一部の指名（憲法六五条）。②恩赦を行う（憲法一七条）。

3　政府（憲法二〇～二三条）

地位と任務　第三・第四共和制の大統領は名目的・形式的存在にすぎず、行政権は政府が実質的に行使していた。第五共和制では、大統領の実質的権限の増大に伴い、首相および政府の地位は低下している。とくに首相と大統領が同一陣営の場合、首相および政府は大統領の政策を実施する手段となる。ところが、大統領が議会多数派の支持を失いコアビタシオンが生じると、首相は、憲法によって認められた本来の機能を回復する。政府の任務は、国策の決定・遂行、行政と軍事力の掌握、憲法四九・五〇条の条件と手続きに従い国民議会に責任を負うことである。

政府の構成　①政府は首相および大臣から成り、閣外相を含めると、およそ三〇～五〇名である。②省庁の特徴の第一は、その柔軟性にある。日独のような行政組織の一般基準を定める法令は存在せず、省庁の設置は行政権限で行われる。このため、統廃合・新設・名称変更が頻繁に起こる。第二は、省内各部局の独立性である。各省はいわば部分の寄せ集めであり、それゆえ、大臣を補佐し省庁内調整を図る官房の役割が重要となる。各省の組織は、局―部―課の編成を採る。第三は、英米と異なって行政委員会や、外局がほとんど設置されていない点である。

政府構成員の地位　①閣僚の公職兼務の禁止。現職議員が首相や大臣に任命された場合は直ちに辞職し、選挙時に指名した代補（suppléant）に議席を譲らなくてはならない。②政府構成員は、職務上の行為について刑事責任を問われる。

首　相　首相の職務と権限は、①政府活動の指導、②国防責任者、③法執行の確保、④デクレによる一定の文官・武官の任命、⑤大臣の統括・行政事務、⑥場合により、大統領の代行として国防高等評議会および国防高等委員会や閣議などの主宰、⑦大統領への大臣任免提案（憲法八条）、⑧臨時会期の請求権（憲法二九条）、⑨政府提出法案の発議権（憲法三九条）、⑩両院協議会（commission mixte）開催請求権（憲法四五条）、⑪国会が制定した法律についての憲法評議会への合憲性審査請求権（第六一条）、⑫大統領決定の伝達と政府活動の調整、などであり、その地位と権限は大統領に次ぐ。首相の職務範囲と大統領権限との関係は、大統領との力関係によって変化する。ただ、近年では、大統領は国政全般にわたる基本的・長期的・総合的な政策指針を決定し、首相は大統領に対する助言を行い具体的・短期的・個別的施策の遂行に当たるのが一般的である。首相の職務の終了は、大統領による解任、死亡、辞任、病気等による障害事由の発生のほか、国民議会による不信任手続き成立の場合（憲法四九条）である。

政府の権限　政府は国会との関係で多くの国会活動統制権限と多様な立法権限とを持つ。①国会の議事日程の先決権、とくに法案審議順序の決定権（憲法四八条）、②政府法案の提出権、③国会に対する議員提出法案ないし修正案の不受理の申立て権や憲法評議会への裁定請求権（憲法四一条）。④法案の修正権、委員会に事前付託のない修正法案拒否権、法案の「一括投票」請求権（憲法四四条）。「一括投票」は、部分修正を拒否し、抱き合わせ方式で法律案を可決させることによって議会の本来的機能を事実上奪うと同時に、政府への信任投票的意味を持つ。⑤修正法案への同意権（憲法四五条）、⑥政府綱領ないし施政方針の提示、首相による信任問題提起を通しての法案採択請求権（憲法四九条）、⑦法律事項を通常の立法手続きによらずオルドナンスで定める権限（憲法三八条）。政府は、授権法の定める期間内に追認法案を議会に提出すれば、その効力を保持できる。この制度は、与党優位下で野党の激しい抵抗が予想される事項や緊急を要する事項について議会に審議権を放棄させ、政府に一任することによって早期立法化を意図する。⑧デクレ制定権の行使（憲法三七条）、などである。

経済社会評議会（憲法六九～七一条）　経済・社会問題についての政府の諮問機関。評議員は任期五年で、二三一名から成る。うち一六三名が各種職能団体から選出され、六八名が政府により任命される。評議会内には、九つの専門部会が設置されている。評議会は、三カ月に一度非公開で開かれ、政府は、経済計画あるいは国家計画に関する法案については必ず、その他の法案、オルドナンス案、デクレ案については任意に評議会に諮問する。評議会は諮問がなくても、政府に意見を具申できるが、政府は評議会の答申や意見具申には拘束されない。

メディアトゥール（Médiateur）　他国のオンブズマン（個人と公的機関間の紛争処理者）に相当する制度として一九七三年に設置された。行政事務処理とくにその懈怠によって損失を受けた国民の苦情申立てに基づいて調査し、改善勧告や差止命令を発する。ただし、裁判所で判決済のもの、行政庁とその職員間の事件、事前に当該行政庁への苦情申立て等の手続きを経ていないもの等を除く。裁判で係争中であっても、勧告を行うことができる。メディアトゥール一名（任期六年で更新不可）、これを補佐する県代表（二〇〇二年現在、一三三一名）によって構成される独立の公的機関だが、北欧とは異なり、閣議で大統領がメディアトゥールを任命する。

4　国会（憲法二四〜三三条）

構成と選挙　国会は二院制で、下院に当たる国民議会（Assemblée nationale）と上院に当たる元老院（Sénat）から成る。両院は同一建物内にはなく、それぞれブルボン宮とリュクサンブール宮にあり、しばしばこの建物名で呼ばれる。フランスの二院制の特色は、両院の選出基盤が異なるため会派構成に違いが見られることと、両院の関係を対等にするか国民議会優位とするかの選択権を政府が握っている点にある。両院は原則的に対等の立法機関として機能するが、次の点で国民議会は優位に立つ。両院不一致の場合の最終決定権（憲法四五条）、予算法案および社会保障財政法案への先議権（憲法三九条）、臨時国会開会請求権（憲法二九条）、政府の信任・不信任手続きの専属（憲法四九条）。

①国民議会は定数五七七名、任期は五年、直接選挙（小選挙区単記二回投票制）で一斉に改選される。選挙権は満一八歳、被選挙権は満二三歳以上の仏国籍の男女に認められる。第一回投票で有効投票の過半数かつ有権者の四分

国民議会選挙の結果

ド・ゴール派		極　右		その他		左翼全体(エコロジストを含む)		右翼全体		合　計		投票率	白票および無効票率
得票率	議席数	得票率	議席数	得票率	議席数	得票率	議席数	得票率	議席数	得票率	議席数		
20.6	216	2.6	1	0.5	0	45.2	92	54.3	389	100.0	481	77.2	2.0
32.4	233	0.8	0	0.0	0	43.8	151	56.2	331	100.0	482	68.7	2.1
32.1	200	0.6	0	0.0	0	43.6	196	56.4	291	100.0	487	81.1	1.9
38.0	293	0.1	0	0.5	0	40.6	92	59.0	395	100.0	487	80.0	1.4
24.6	183	0.5	0	0.0	0	45.8	178	54.1	312	100.0	490	81.3	1.8
22.8	154	0.8	0	0.2	0	52.2	201	47.5	290	100.0	491	83.3	1.6
21.2	88	0.3	0	0.0	0	56.7	333	43.2	158	100.0	491	70.9	1.0
—	155	10.1	35	0.1	0	45.2	251	54.7	326	100.0	577	78.5	3.4
19.2	130	9.8	1	0.2	0	49.6	305	50.3	272	100.0	577	66.1	1.4
20.3	257	12.9	0	0.3	0	42.7	93	57.0	484	100.0	577	69.5	3.7
15.4	140	15.3	1	1.2	0	47.3	320	51.4	257	100.0	577	68.5	3.4

ある)。

の一以上の得票者が当選、いない場合には、一週間後に有権者数の一二・五％以上の獲得者二名（いない場合、次点得票者）による第二回投票を実施し、最多得票者が当選する。この制度のため、第一回投票前から選挙協定を結んだり、第二回投票時に多数派工作が行われ、相手の辞退（désistement）によって統一候補を当選させることが行われる。

②元老院は定数三二一名（二〇一〇年からは三四六名になる予定）、任期は九年で、三年ごとに三分の一を選挙人団（国民議会、地域圏議会、県議会の各議員全員とコミューン議会代表で構成）による間接選挙で改選する（二〇一〇年からは、六年任期で三年ごとに半分を改選する予定）。被選挙権は満三〇歳以上である。元老院の選挙人団中には、地方のコミューン議会代表が圧倒的に多いため（一九五九年の元老院選挙では九七％）、農村偏重的性格がきわめて強い。元来、元老院は、国民議会が大統領と対立関係に立った場合にそれを抑制する保守的な第二院として構想されていた。そのために、第五共和制発足当初、大統領選挙と同じ間接選挙方式を採って農村部の保守的勢力が多数を支配できるようにしたのである。

国会運営　①会期～第三・第四共和制では、会期は事実上無制

表3-2　第五共和制下の

年	極　左		共産党		社会党		その他の穏健左翼		エコロジスト		非ド・ゴール派の穏健右翼	
	得票率	議席数	得票率	議席数	得票率	議席数	得票率	議席数	得票率	議席数	得票率	議席数
1958	0.0	0	18.9	10	15.5	43	10.9	39	候補者無し	0	31.1	172
1962	2.0	0	21.9	41	12.4	66	7.4	44		0	23.0	98
1967	2.2	0	22.5	73	18.9	123	0.0	0		0	23.7	91
1968	4.0	0	20.1	34	16.5	58	0.0	0		0	20.8	102
1973	3.2	0	21.4	73	19.1	102	2.1	3		0	29.0	129
1978	3.3	0	20.6	86	22.8	115	3.5	0	2.0	0	23.9	136
1981	1.2	0	16.1	44	36.1	289	2.2	0	1.1	0	21.7	70
1986	1.5	0	9.7	35	30.8	212	2.0	4	1.2	0	44.6	136
1988	0.4	0	11.3	25	34.9	275	2.6	5	0.3	0	21.3	141
1993	1.7	0	9.1	23	17.8	57	2.4	13	11.1	0	23.8	227
1997	2.6	0	9.9	36	23.8	250	4.0	26	6.9	8	20.7	116

〔出典〕 A. Lancelot, *Les élections nationales sous la* Ve *République*, 3ième éd., PUF, 1998 より（一部変更を加えて

限のため政府活動が著しく制約された。このため第五共和制では厳密に規定された。通常国会は年二回の二会期制を採っていたが、議会の審議機能強化を目的とした一九九五年八月の憲法改正によって一会期制（一〇月から昨年の六月までの九カ月間）に移行した（憲法二八条）。ほかに臨時国会がある。議事日程の決定権は政府にある（憲法四八条）。②議長と理事部～議長は最初の議会で選出される。日本の議院運営委員会に相当するものが理事部で、議長を補佐し院の運営・管理に当たる。③委員会～法案審議の事実上の中心となるのは日本と同様に委員会である。両院とも常任委員会（各院六委員会）と特別委員会が設けられており、委員は院内団体の勢力比に比例して配分される。通例、常任委員長は与党が独占する。④院内団体～国民議会では三〇名以上、元老院では一四名以上を要する。無所属の議員は共同議員となり委員会の配分に与かる。

立法権限　立法の対象となる事項は、法律事項と命令事項に区分される。議会が立法できるのは前者のみで（憲法三四条）、後者は政府のデクレによって規定される（憲法三七条）。この区分は、第五共和制憲法に固有のもので他の時期や他の国にも類例がない。この点でも、国会の立法権は制限を受けている。

表3-3　2002年6月の総選挙における議席数

	議席数（2002年6月16日現在）	解散時の議席数	第1回投票時（6月8日）の当選者	第2回投票時（6月16日）の当選者	合　計
左翼勢力	共産党（PC）	35		21	21
	社会党（PS）	248	2	139	141
	左翼急進（PRG）	12		7	7
	市民運動（MDC）※	8			
	緑の党（Verts）	7		3	3
	その他の左翼	4		6	6
右翼勢力	フランス民主連合（UDF）	67	6	16	22
	自由民主（DL）	43	1	1	2
	民衆運動連合（UMP）※※	共和国連合(RPR) 135	48	321	369
	フランス同盟（RPF）			2	2
	フランスのための運動（MPF）		1		1
	その他の右翼			3	3
	国民戦線（FN）				
	その他	18			
	合　計	577	58	519	577

〔注〕　※2003年1月に，「共和市民運動」（MIDC）となる。
※※2002年4月に結成された組織で，総選挙に向けて，RPR，DF の一部（シラク支持派），DL が融合したもので，11月に「国民運動連合」となる。
〔出典〕　*Quid 2004*, Robert Laffont, p. 794.

立法過程　このように第五共和制では、国会の会期や法律事項が厳定され、国会本来の機能である立法権限が制限・縮小された反面、行政の権限と立法機能は一層強化された。法律案は、政府提出法案（projets de loi）と議員提出法案（propositions de loi）に二分される。立法過程の第一の特徴は、議員提出法案に比べ、政府提出法案の可決率が圧倒的に高い点である。法案の審議過程は、両院のいずれかへの法案提出（憲法四二条）↓理事部↓主管委員会（憲法四三条）↓本会議での審議・決定の経路をとる。法律の発議権と修正権は首相（政府）と議員に属すが（憲法三九条）、受理手続き、修正・成立要件の点で、議員提出法案にはさまざまな拘束が設けられ（憲法一〇、四〇、四一、四四～四八、六一、六九、七〇

図３－３　立法過程

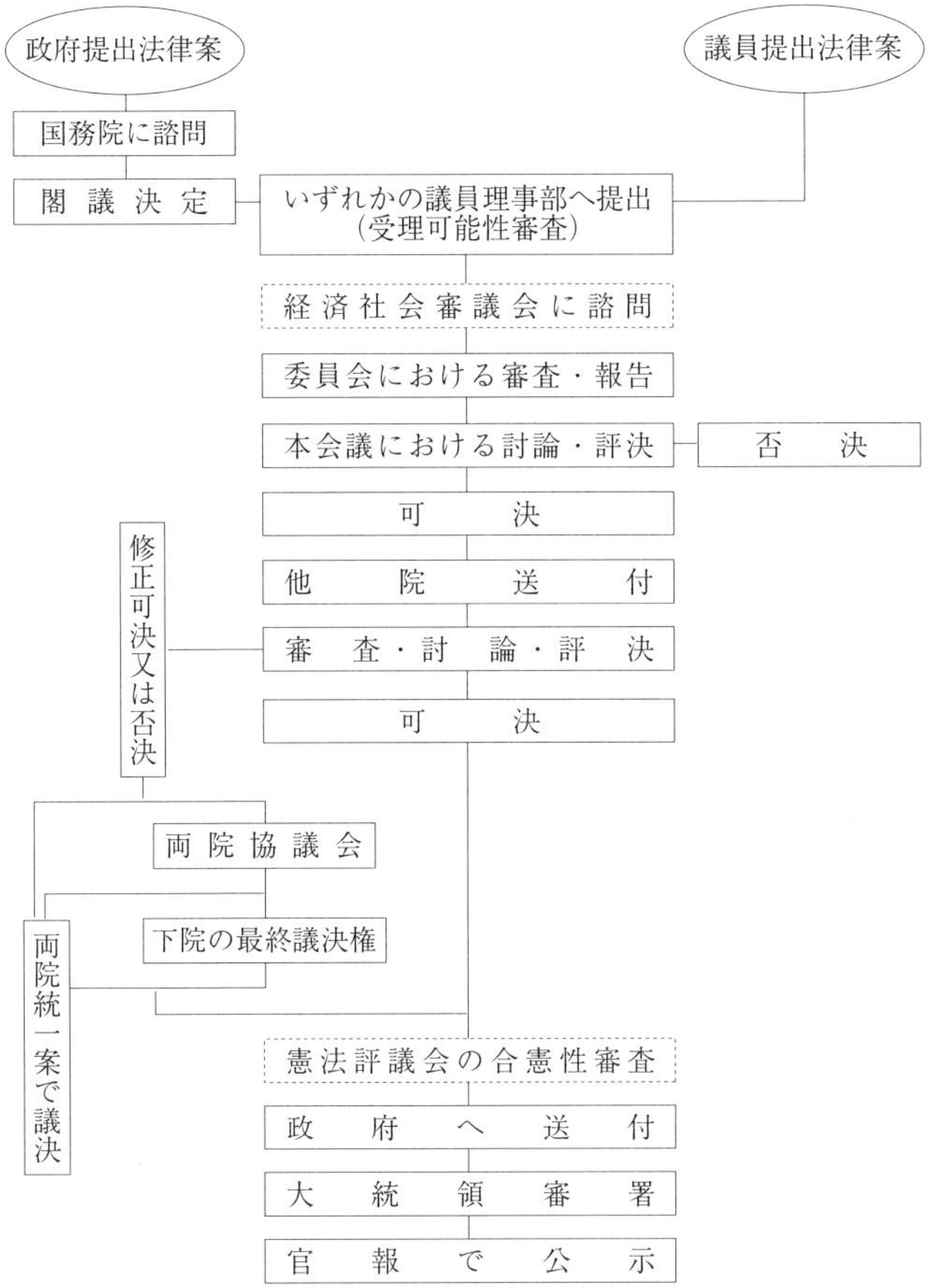

〔出典〕長部重康他著『フランス入門』三省堂，1988年，166頁。

条）、国会の立法権限は著しく妨げられている。可決法案中政府法案が四分の三以上を占め、議員提出法案の可決率はきわめて低い。議事日程上も議員提出法案は政府提出法案より後回しにされるので、廃案の可能性も高い。第二の特徴は、政府が両院のバランス操作を行うことで法案の成否を左右できる点である。すなわち、両院一致で同一文が採択されれば法案は成立するが、両院での一致が見られない時には、法案は原則的には両院間を無限に往復する。その際、首相は両院協議会の開催を求めることができる。統一案が作成され両院で可決すると法律は成立するが、それでも合意が得られない場合は、政府は両院で再度審議後に国民議会が議決するよう要求できる（憲法四五条）。こうして政府は、国民議会多数派の支持に依拠して法案を成立させる手段を手に入れた。だが、法案成立を政府が望まない場合、両院のやりとりへの不介入や元老院に反対させることで、法案成立を妨害することもできる。先述のように、第五共和制当初、ド・ゴールはこの仕掛けの存在を意識していた。この点で、政府は両院平等か国民議会優位かの「切替えスイッチ」を持つともいえる。

政府を統御する議会の権限　議会は、以下の政府統御手段を持つが、種々の制約が課せられており、議会に対する政府の優位は揺るがない。①調査委員会、監査委員会——特定問題に関する国政調査のために設けられる。一九七七年に強化され、証人の出頭、証言、資料提出を強制する権限を与えられた。②質問——文書質問～質問・回答とも官報に掲載。口頭質問～国民議会では毎週水または金曜日の午後、元老院では毎週金曜日に行われる。③国民議会による政府の信任・不信任手続きによる政府の打倒。これには三つの方法があるが（憲法四九条）、あまり実効性はない。政府不信任が成立すると、内閣は総辞職しなければならない（憲法五〇条）。

5　地方制度と分権化

地方制度の現状　フランス共和国（本国）の面積は、日本の一・四倍の約五五万平方キロメートルで、人口は二分の一の約五九六三万人である（二〇〇三年一月現在）。フランスの地方行政単位は、二〇〇二年現在、数県を統合した国内二二、海外四の地域圏（州、レジオン）、三の海外圏、本国に九六（県に準じるパリ市を含む）、海外に四の県（デパルトマン）、三の特別自治体（コルシカとニューカレドニアを含む）、三四〇の郡（アロンディスマン）、四三五〇の小郡（カントン、郡と小郡は単なる行政事務区画で、議会はなく地方公共団体でもない）、三万七〇〇〇のコミューンから構成され、郡と小郡を除きそれぞれ公選議員からなる議会と、執行機関として各議会議員から選出された議長が置かれている。大都市を除き、コミューンの七割が人口七〇〇人以下であり、五〇〇〇人以上のコミューンは五％にも満たない（平均人口は一五〇〇人ほど）。このように、少数人口のコミューンが圧倒的に多い点がフランスの地方行政単位の特徴である。しかも、その数はフランス革命以来あまり変化していない。以下、主要には、地域圏―県―コミューンの「三層」から成る地方行政の各単位の特徴を見ておきたい。

①地域圏は、一九八二年改革で初めて地方公共団体として位置づけられた。その任務は、中央官庁の地方事務、数県単位の県行政の調整、地域圏計画の策定、予算の議決、などである。議員は任期六年、県単位の比例代表制で一斉に直接公選され、正副議長（任期六年）は議員間で互選される。②県には最近まで、内務大臣の提案に基づき大統領が任命する県の管理者・国の地方行政事務統括者としての知事（プレフェ）がいて「行政的後見」を行っていたが、八二年改革で廃止され、地方自治体の事務は県議会議長に、国の機関事務は地方長官に継承された。議員は任期六年、三年ごとに小郡（区、カントン）単位に小選挙区単記投票制で部分改選される。正副議長の任期は三年で互選による。また議員は、コミューンや国会の議員も兼務でき、しかも元老院議員の選挙人でもあるので政治

的にも重要である。③郡は、選挙区として機能する三〇〜四〇の小郡を抱えている。郡にも、かつては知事の権限を代行しコミューンの行政的後見に当たる副知事が置かれていた。④コミューン議員は任期六年、直接選挙の小選挙区単記二回投票制で全員一斉に改選される。コミューン議会議長（メール）および助役はコミューン議員から互選され、任期は六年である。議長は、自治体代表、国の機関事務執行者であり、一定の自治警察権を持つ。なお、地域圏・県・コミューンの各議会の被選挙権は二一歳からである。

地方分権化と中央—地方関係　八二年改革までの中央—地方関係の特徴は、中央政府が知事の任命を通して地方議会に対する行財政的統制を行っていた点にある。例えば、知事・副知事による議会決定の事前チェックや再審議要求、上級行政庁によるコミューン議会議長への停職・免職処分や議会解散権の行使、コミューン予算の知事による承認、県予算の内務大臣による承認、コミューン財政執行の、総括出納官・財務監察官による随時監査と会計検査院による年度決算監査、起債・地方税賦課についての内務大臣の事前許可などである。さらにこの統制は、有力な政治家が中央と地方の「複数の職務を兼任」することで、人的にも一層強化されてきたのである。

歴史的にも古く中央集権的で伝統的な地方制度の改革は、いくたびかの挫折を経てきた。一九八一年に誕生したミッテラン政権は、八二年三月、いわゆる「地方分権法」を公布した。この改革のポイントは、従来の地方制度の要であった知事の職を廃し、自治体としての県の執行機関を知事から県議会議長に移管したこと示されるように、地方自治体への国の後見的監督を原則的に廃し、事後統制に切り変えようとした点にある。その意味で、この改革は、その後の地方財政・地方公務員・地方議会、国—地方間の事務配分問題、等の改革への端緒を開いたといえる。またそれは、戦後フランスの国土政策の主要課題であったパリ一極集中の是正、地域間格差の是正、そして産業構造の転換に相応したものでもあった。さらに同じ八二年には、国と地方が協力して各種のインフラ整備を図ろうとする「国—地域圏間計画契約制度」も創設された。「地方分権法」に続いて、一九八三年一月と七月には「権限配分法」が制定された。同法律の第一の特色は、多種多様な権限を行政分野ごとにまとめて各レヴェルの地方自治体に委譲するという原則にある。第二の特色は、これらの権限委譲に伴う財（税）源や人的・物的行政手段の移管をも規定した点にある。なお、八二年の改革によって自治体の行政執行責任は各レヴェルの議長が負うことになったが、地域圏と県には、中央政府の任命で各省庁を代表する地方長官が、郡には地方長官代理が、国家的利益の確保、公共秩序の維持、国の出先機関の指揮監督、自治体としての地域圏および県への行政的統制等の任務を負って配置されている。

これら八〇年代の地方制度改革は、住民の直接選挙による議会を成立させ、地方公共団体間での後見監督規程を廃止し、行財政面での組織やルールの基礎を築き、国と地方の役割分担を明確にし、とくに地域圏がその後の地域と国家のボーダレス化へのダイナミックな対応主体・国土整備の投資主体として強化されるのに役立った（真の「地方自治」への一歩）という点では、大きな前進といえる。しかし、一九八二年二月の憲法評議会の判決が、コミューンの議決・処分等の即効性と県地方長官の事後統制は、県においては政府の代理人が全国的利益、行政監督、法の尊重の責任を負うとした憲法七二条に違反する、としたことや、八二年法で、中央政府の任命による地域会計院を新設し（会計検査院が控訴審となる）、地方公共団体財政の司法的・行政的統制を図ったことに見られるように、従来の事前的統制の原則廃止には至っていない。結局、一九八二年改革は、県行政の執行権を官撰知事から県議会議長へと委譲し、官撰知事によるコミューン行政の後見的監督を廃止したが、同時に、公職兼任制度も廃止するか兼任可能公職数の制限をしない限り、県行政に関する様々な資源を、官撰知事という国家行政エリートから奪って「県議会議員（またはメール）＝国会議員」という地域政治エリートに譲渡するに過ぎない。その意味で、八二年改革の実際の目標は、中央官僚と地方名望家という対抗軸の中で、地方議員に権力を与えることで「地方の自由」を拡大することにあった。結局、国会議員を兼職する地域政治エリートたちが、自らの地位の強化と権限の拡大を目指して推進したものに過ぎない。したがって、①地方分権化、②公職の兼任の禁止、③直接民主主義的な手法に基づく住民からの統制・市民参加の促進という三つの課題の同時実施の必要性があったが、それは、自ら地方名望家たる国会議員の全体利害を損ねる恐れがあり、三の改革が同時になされることにはならなかった。

また、前述の兼職制度（le cumul des mandats）の存在が、地方分権化の進展を阻害し政治汚職を生み出す一因となっている。『レクスプレス』誌によれば、国民議会（五七七議席中）では、三一七人が市長、一五人が県議会議長、一一人が地域圏議会議長、二人が欧州議会議員で、二二一人の議員が二つないしそれ以上の役職を持っており、元老院（三二一議席中）では、一五三人が市長、三四人が県議会議長、四人が地域圏議会議長で、一二八人の議員が二つないしそれ以上の役職を持っているとされる（*L'Express*, 28/5/98, p. 18.）。もともとこの制度は、中央政府の支配（県知事の権力）を相殺する目的で第三共和制期に設けられたものである。いまや知事の権力は弱まったが、兼職は残り、これが地方分権化に伴う権限と財源の委譲とに〝絡み付く〟形で病根となっている。

その後九〇年代に入ると、ミッテラン時代の地方分権改革の行き詰まりによる再中央集権化の動き、「欧州地方自治憲章」（一九八五年採択）の批准問題、ニューカレドニアやコルシカなど特殊な地域の地位に関わる憲法改正の動きなどを背景に、地方分権化の促進の流れが加速化する。九二年には、「共和国の地方行政に関する一九九二年二月六日の指針的法律第九二—一二五号」（「一九九二年法」と略）が制定された。同法は、国家の地方組織編制、地域民主主義、自治体間協力、分権的協同事業の四編から構成されているが、とくに「地域民主主義」という概念が地方自治法制の中にくみこまれたことが重要な意義を持つ。「一九九二年法」は、第一に、国家行政機構の再配置の文脈において「地域民主主義」という概念を導入し、情報公開制度や諮問型住民投票制度の整備を通じて、地方の政治・行政への住民の積極的参加と組織的近代化を理念的にも制度的にも促進しようとする「分権的参加デモクラシー改革」という側面と、第二に、地域圏を単位とした政府機能の分散化と地域圏再編・強化、欧州統合との関連で弱い領域での地域圏知事を介した国家統制や後見監督の強化、地域行政の広域化、コミューンの再編、地方税の特化など、欧州統合の進行への対応策としての地域再編的政策という側面や特徴を持っていた。

二〇〇二年一〇月には、ラファラン内閣のもとで「共和国の地方分権化された組織に関する憲法案」が議会に上程され、二〇〇三年三月に「地方自治拡充のための憲法改正」を行なった。この改正では、国は全国的な大原則の確定と評価の任務に徹し、自治体に対して大幅な自治と管理とを認めつつ、これを市民の統治下におき、権限の適性配分を経験的・実験的に検証するために「実験の権利」を自治体に保障するなどの内容が盛り込まれた。中央集権国家フランスは、真の地方自治と分権化に支えられた国家へと舵を切りつつあると言えよう。

3　国家と政党政治の変容

1　フランス国家の型と権力関係の変容

これまで主に、フランス政治を制度や機構の側面から考察してきた。ここでは、権力構造の実態と歴史的変化を、国家類型と権力関係の変化の側面から見ておきたい。

まず国家類型の観点から見ておこう。フランスの政治社会学者のP・ビルンボームは、西欧の政治体制を歴史的に比較考察するなかで、「国家による市民社会の統治モデル」と「市民社会による自己統治モデル」に類型化し、前者の典型としてフランスを、後者の典型としてイギリスを挙げている。このいわば「強い国家」の典型＝フランスを支えてきたのがフランス革命以降歴史的に形成され、中央集権国家の核を成す官僚機構の存在である。フランス現代官僚の強さの秘密は、その質の高さとそれを保証するルートにある（公務員の内、高級官僚は数千人、枢要官僚は数百人にすぎない）。高級官僚の補充は極限されている。すなわち、フランスの政治・行政エリートの代表的経歴コースは、グラン・ゼコール（高等専門大学校、Grandes Ecoles）→グラン・コール（国家枢要官吏団、Grands corps d'Etat）→大臣官房・省庁の局長→公私の大企業への天下り（Pantouflage）である。①グラン・ゼコールとは大学と並ぶ高等教育機関であり、中でも上級行政官や政治家を輩出しているのが一九四五年創設のＥＮＡである。試験の難関さと定員の少なさから、高い経済的・教育的・文化的資本のある者、つまりパリ近住の高学歴で裕福な家庭の師弟しか合格できない。ＥＮＡ生（エナルク）の親の八割以上が、いわゆる「上流階級」に属する。②こうしてエナルクの多くは、卒業後、特権的官僚団である国務院、財務監察院、会計検査院、県知事団、外交官団などのグラン・コールに入りそのトップの座を占める。③そこから、省庁や大臣官房に進む。とくに大臣官房は、官僚と政治家（大臣）との蝶番の役割を果たすと同時に、将来の閣僚・政治家への訓練場という点で重要である。こうして、高級官僚としての地位や経験が、官僚機構の範囲を越えて政治の世界にまで拡大し、行政と政治との境目が曖昧となる。政策決定の中枢は、議会から行政府そして実質的には法案などを準備する技術官僚の手に移る。④これらの役職の最後に、天下り先が用意されている。トップ企業ほど高級官僚を多く受け入れており、財政・金融部門への天下りが顕著な点が特徴である。こうした過程を通じて、権力エリートの同質性、つまり政界・財界・官界が三位一体となって国家の支配的上層部を形成する過程が進行し、一種の「特権層」＝「フランス版ノーメンクラトゥーラ」が形成されるのである。「官僚の共和国」という点が現代フランス国家の大きな特徴である。

第二に、権力構造の歴史的変化を見ておきたい。先のビルンボームは、フランスの権力構造を、政治（議会）・行政（政府および官僚制）・経済権力（財界ないし企業）の相関関係の歴史的変化の観点から次のように整理している。すなわち、第三・第四共和制は、「政治権力・行政権力・経済権力の非常に強力な分離の体制」（国家の自立性が弱い体制）として、第五共和制は大統領の統治期ごとに分けて、①ド・ゴール体制（一九五八〜六九年）〜「政府と官僚制との融合体制」＝「強い国家」（「官僚たちの共和国」の誕生）。②ポンピドー体制（一九六九〜七四年）〜「国家と実業界の同盟体制」（国家は自立要求を放棄）。③ジスカール体制（一九七四〜八一年）〜「政・官・財の権力融合体制」（国家は自立を放棄）。④ミッテラン体制（一九八一年時点）〜「諸権力の分離体制」（国家の自立性が弱い体制＝「官僚たちの共和国」の終焉）、と捉えている。やや単純化しすぎとはいえ、このように国家の権力構造を三つないし四つの権力ポジションから捉え、それらの相関関係の変化の観点から歴史的に見ていくという方法は、現実の政治構造の実態を把握するうえで有効である（P・ビルンボーム『現代フランスの権力エリート』日本経済評論社、一九八八年を参照）。

2　政治制度の安定と政治勢力の二極化

当初ド・ゴールのための制度であるように見えた第五共和制は、その後もポンピドー、ジスカール・デスタン、ミッテラン、シラクの各大統領のもとで継続した。政党との関係では、初期の大統領は、小党分立が原因で政治が不安定にならないように、政府を議会から相対的に引き離しておく目的で、超然たる「仲裁者」を装った。しかし、その後の政党状況の変化により左右ブロックへの二極化が進行し、議会内安定多数派が形成されると、大統領はむしろ、そのリーダーとして行動するようになった。一九八一年の大統領選挙では、社会党（PS）のミッテランが現職のジスカール・デスタンを破り、二三年間続いた保守政権に代わり初めての左翼の大統領が誕生した。彼の大

図3-4　フランス第五共和制の政治制度

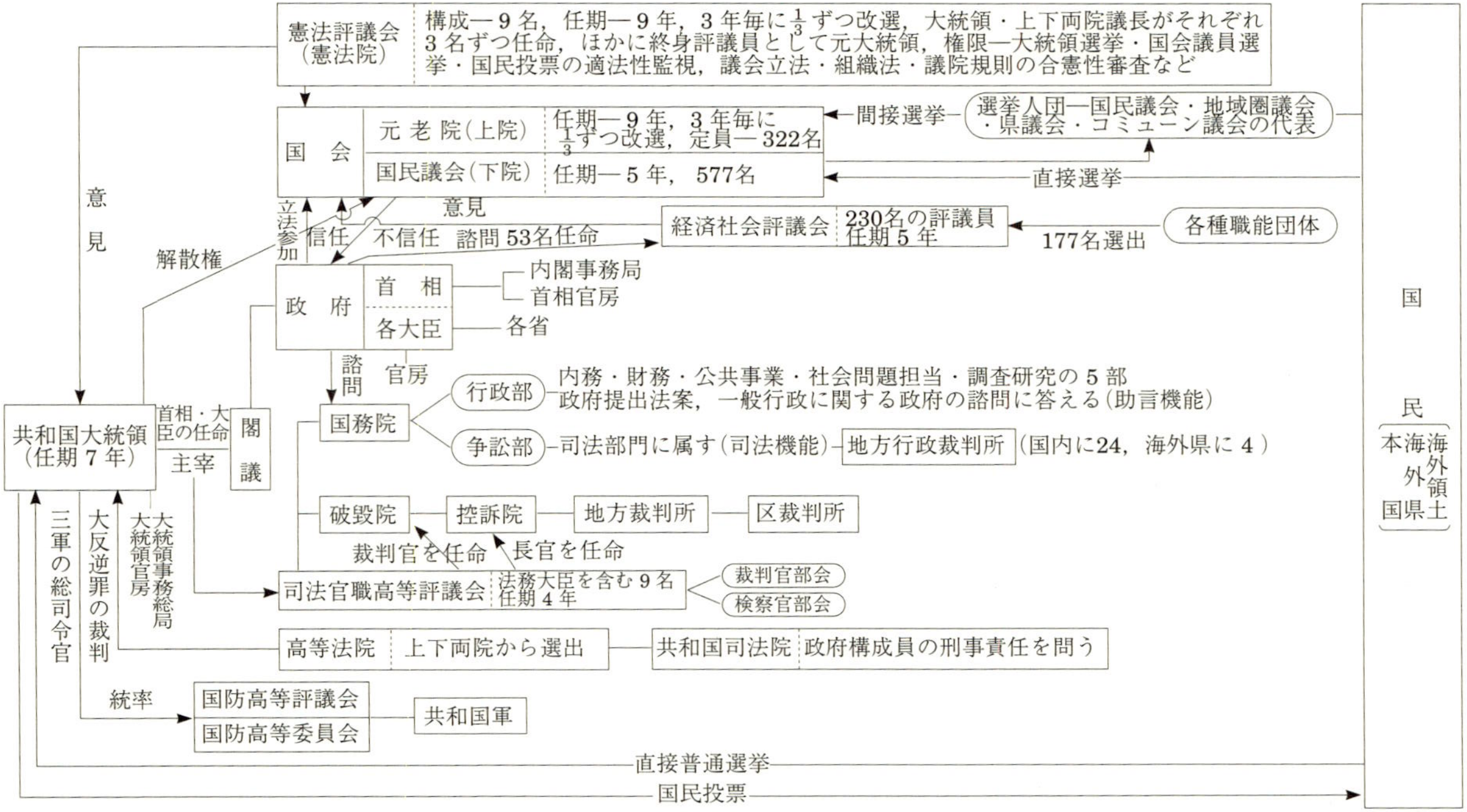

〔出典〕　筆者作成。

図3-5　フランスの政界再編

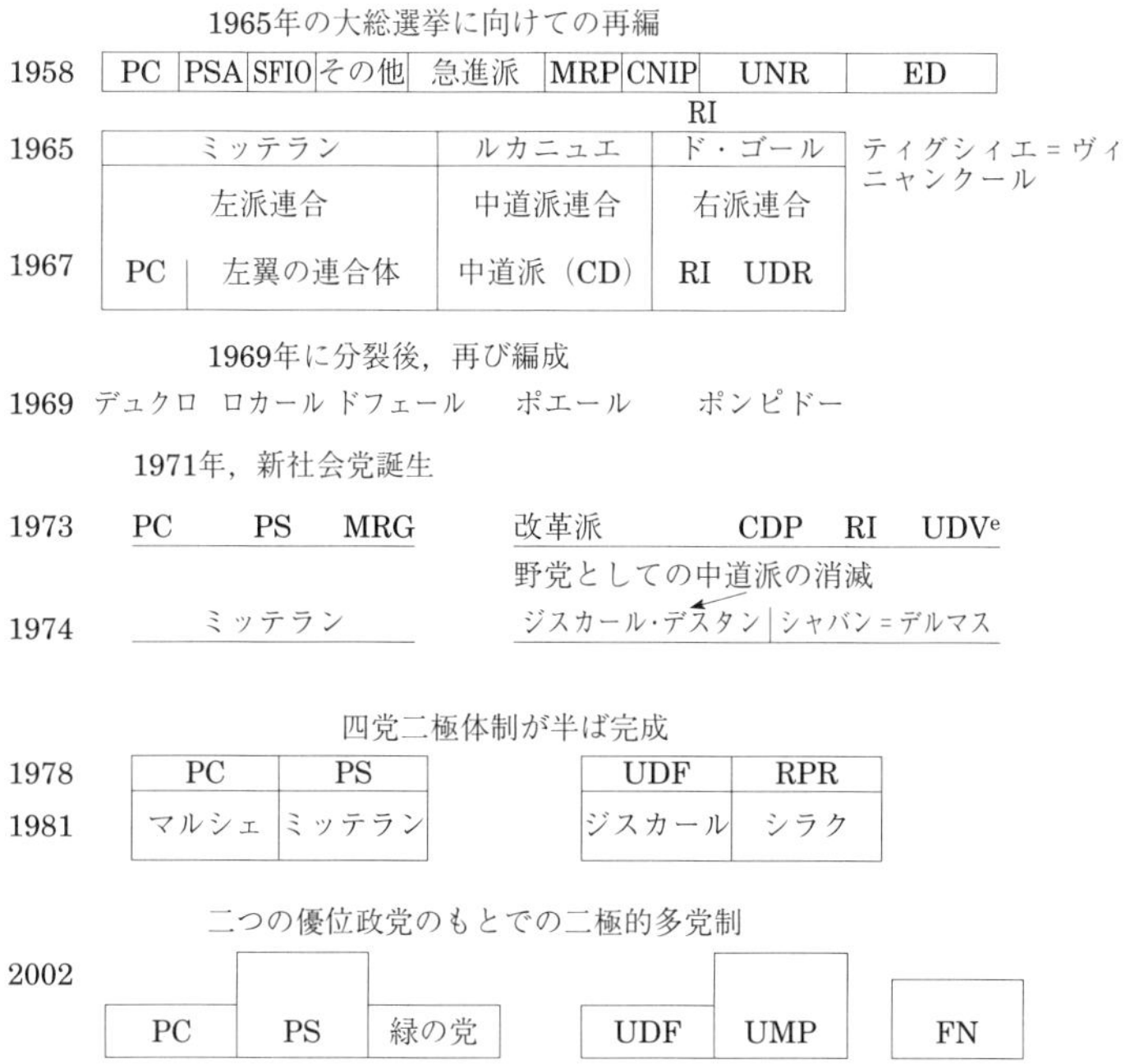

〔出典〕 O. Duhamel, *Le Pouvoir politique en France*, Seuil, 2003, p. 123, p. 129.

統領就任は、左翼がこれまで批判の対象にしていた第五共和制の制度的枠組みを受容したことを意味し、体制の基礎を一層強化した。この選挙は、革命手段でなく国民の意思に基づき平和的に左翼政権を誕生させた点でも画期的である。一九八六年三月の総選挙の結果、保守派が国民議会の多数派に返り咲き、ミッテランは、保守の共和国連合（RPR）のシラク党首を首相に指名した。以後八八年五月の大統領選挙まで、コアビタシオンが続いた。「大統領制と議院内閣制の中間形態」という第五共和制憲法の性格上、予想しえた状況であり、大統領任期の短縮論（七年から五年へ）も再燃した。そして、九三年三月から九五年五月までは左翼のミッテラン大統領と保守のE・バラデュール首相、九七年六月から二〇〇二年五月までは、保守のシラク大統領と左翼のL・ジョスパン首相との三度目のコアビタシオンに入った。このことは、結果的には、この体制の一層の定着を示唆している。大統領は国の父として高みから国の行く末と外交・軍事を司り、首相は国の母として内政に専念するという役割分担が定着したかに見える。

ところで、政党状況はといえば、第三・第四共和制下の政党は中道諸党連立の多党制の中にあった。変化が訪れたのは、一九五八年の第五共和制下初の総選挙でド・ゴール派の新党、新共和国連合（UNR）が突如議会の過半数を制し大躍進した時からである（ゴーリストによる一党優位体制）。UNRは、史上稀に見る安定与党となり、以後、左右の二大ブロックへの政党再編が進む。六〇年代末には二極化が一層進行し、七〇年代に入ると中道諸党のほとんどが左右ブロックに吸収された（左右二極化の時代）。こうして七〇年代末に、ド・ゴール派を中心とするRPRと、ジスカール派を中軸とし中道派の社会民主中道派（CDS）と急進党を結集したフランス民主連合（UDF）との右派ブロック、PSと共産党（PCF）の左派ブロックという、二大ブロック四党体制（quadrille bipolaire）が形成された（多党制への復帰の兆し）。こうした二極化を促進し不可避とした主因は、小選挙区二回投票制という選挙制度にある。左右両派の二極化は、規則的な政権交替と第三勢力の排除という「二大政党制」の特徴をフランスに提供した。

二一世紀に入ると、左のPSと右の大統領多数派（UMP）を軸としながら、その周辺に、既成政党間の政策的差異の減少と「総中道化」に不満を抱く有権者の支持する諸派が展開するという政党構造が形成される（図3-5）。

3　ヨーロッパの未来とフランス政治の流動化

一九八〇年代末から二一世紀初頭にかけて、フランス政治を取り巻く状況は大きく変化し、それらと密接に関連しながら国内の政治状況も流動化の様相を見せている。フランス政治に今世紀末最大のインパクトを与えたのは、言うまでもなく、八〇年代末以降のソ連や東欧諸国における国権的共産主義体制の自壊とそれに伴う「東西冷戦構造」の崩壊・ドイツの再統一（一九九〇年一〇月）であり、欧州統合の進展である。

八〇年代半ば以降の欧州は、八五年にJ・ドロールEC委員長のもとで「単一欧州議定書」を採択し（八七年発効）、九三年一月一日からは単一市場を誕生させた。九一年一二月に合意された「マーストリヒト条約」（九三年一一月発効）では、ECからEUへの発展と、通貨統合と政治統合（共通の外交・安全保障政策）の推進が謳われた。もとよりこの動きは、政治的・経済的統合による欧州の復権を目指したものだが、通貨統合に向けての前提条件である財政赤字の削減のために、各政府は、賃上げ抑制、社会保障費の削減、増税、民営化などの緊縮政策を採らざるをえなかった。その結果として生じた矛盾の国内へのしわ寄せ、欧州統合や外交政策などの面での既成の左右両政治勢力間の政策的相違の減少などは、既成政治への批判と不満の表明や〝ゆりもどし〟、新たな政治への期待となって次のような形で現れてきている。

第一に、既成の政治勢力への政治不信は、この十数年間の選挙結果に見て取れる。一九九四年の選挙では、PSは一五％（前回の八九年には二四％）、RPRとUDFの保守中道連合は二六％（同二九％）の得票率で、合計でも四一％（PCFを入れれば四八％）しか得ることができなかった反面、既成の政治勢力の打破を目指す勢力が三五％もの得票を得た。また九五年大統領選挙の第一回投票では、L・ジョスパンが二三％、J・シラクが二一％、E・バラデュールが一九％を得て、合計六三％であったが、残りはFNのルペン（一五％）やPCFのR・ユー（九％）らに流れた。しかし、二〇〇二年の大統領選挙で、PSのジョスパンが大きく票を減らし（九五年の第一回での得票率二三％から二〇〇二年には一六・一％へ）、事前の予想に反して、第二回投票に極右のルペンが進んだことは、左右の

図3-6　国民戦線（FN）の得票率の推移

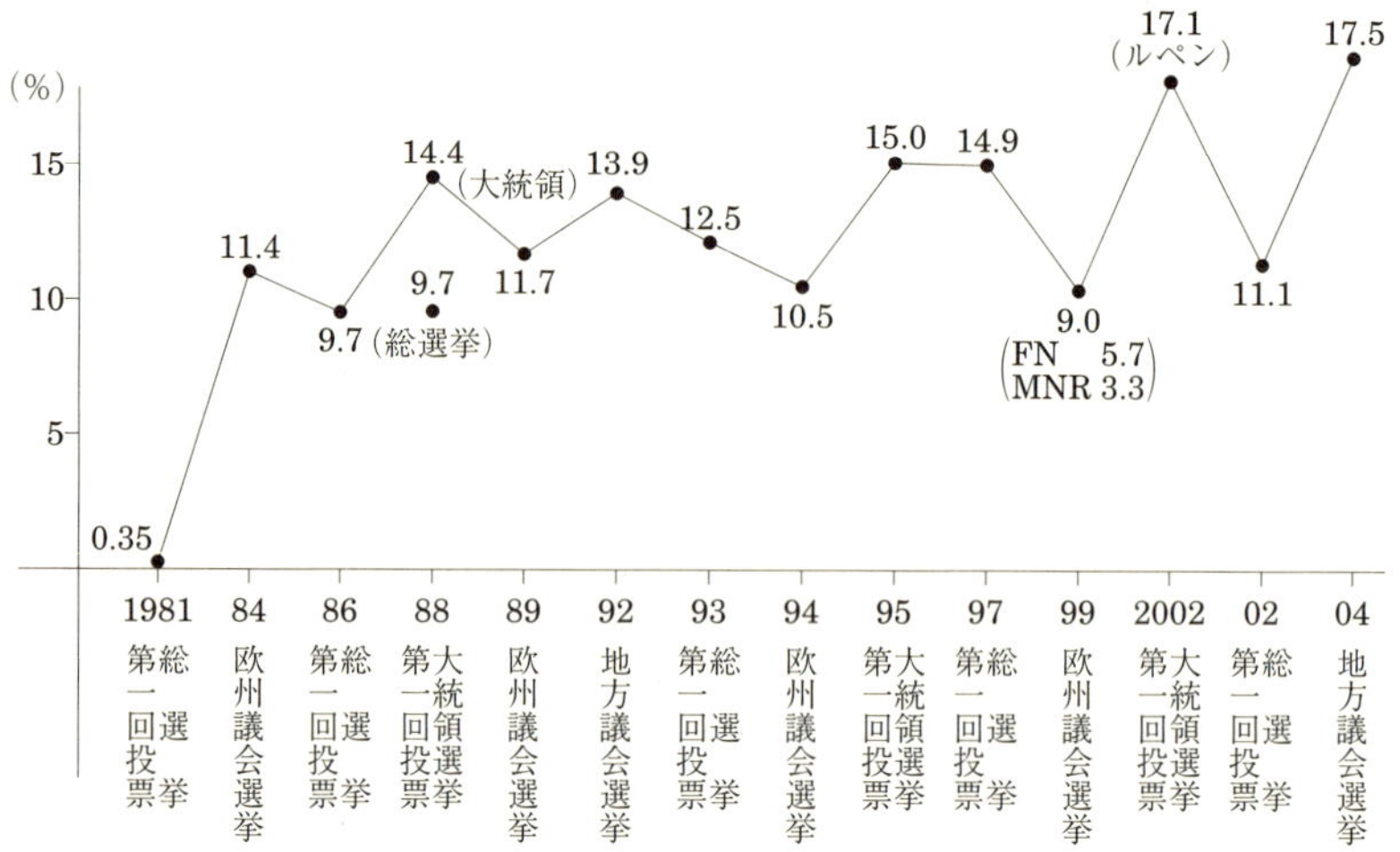

〔出典〕 *L'Etat de la France 98-99*, La Découverte, 1998, p. 471；同2003年版，p. 257；*Quid 2004*, p. 789, 799 より作成。

既成政党の政策的差異の減少と「総中道化」に対する有権者の〝異議申し立て〟と見ることができよう。また、八〇年代末以降、投票棄権率も三〇％台にあり、国民議会や県議会選挙では約三割、欧州議会選挙では約五割、そして二〇〇〇年三月に行われた共和国大統領の任期に関する国民投票では約七割の有権者が棄権した（二〇〇二年の大統領選挙第一回時での投票率は、七二・七五％で過去最低）。これは政治への無関心というよりはむしろ既成の政治への消極的批判ないし抵抗と考えられる（図3-7）。

八〇年代には左右の四党体制＝「統治政党」で得票率の八〇％を占めていたことからすれば、今日の状況は「潜在的多党制」への移行期にあると言えよう。

第二に、極端な人種差別主義（ラシスム）・排外主義的主張を繰り返す極右＝国民戦線（FN）への支持は、八〇年代半ば以降一〇～一五％台にほぼ定着しており（FNに関しては、畑山敏夫『フランスの極右の新展開』国際書院、一九九七年を参照）、ナショナリズム回帰への動き（九二年の憲法改正による共和国の言語の指定、属地権に基づく国籍取得を制限し

図3-7　棄権率の上昇

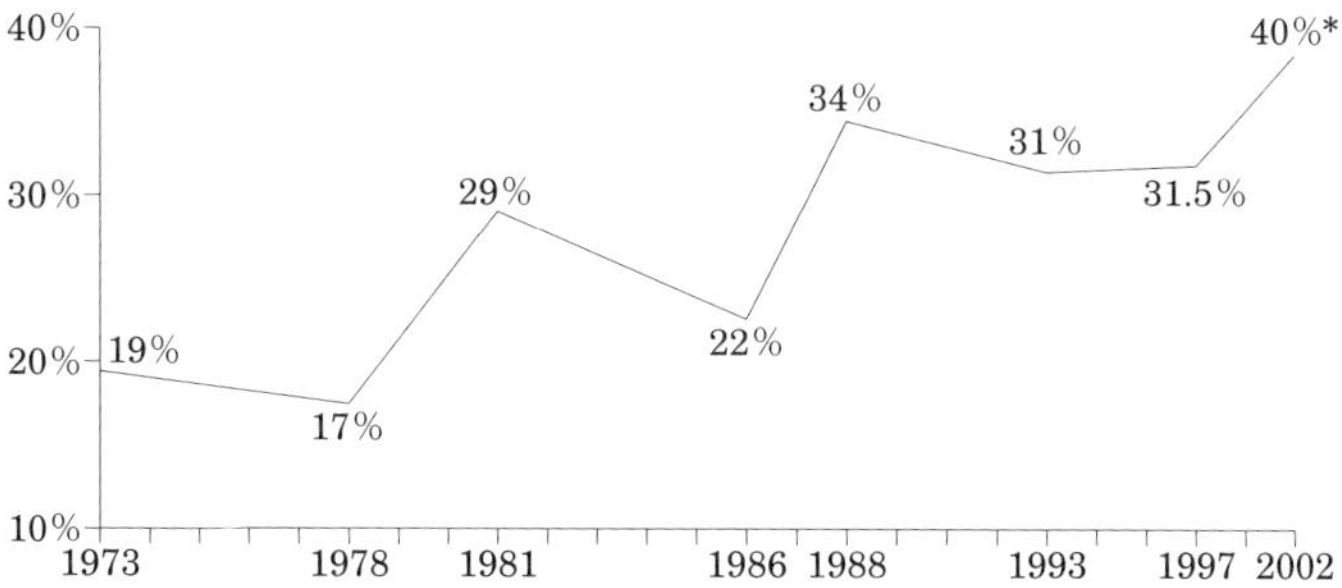

〔注〕　＊は国民議会選挙の第1回投票時
〔出典〕　O. Duhamel, *Le Pouvoir politique en France*, Seuil, 2003, p. 94.

た九三年の国籍法改正［メエニュリー法］と不法滞在・偽装結婚などの取り締まりの強化などを目的とした九三年「移民規制法」［パスクワ法］・九七年「移民規制法」［ドブレ法］）、フランスの文化特性の保護を目的とした九四年の「シャンソン保護法」と「仏語使用法」［トゥボン法］と相俟って、失業や雇用などの国内問題の先行きと欧州統合の将来への国民の不安の現れだと言える。FNは、九七年の総選挙でも保守層の支持を集めて一五％を得票した。一九九九年六月の欧州議会選挙に向けた方針の違いから、同年一月に、FNのナンバー2であったブリューノ・メグレが反ルペン派を集めて「共和国民運動」（MNR）を旗揚げするなど、FNは一時的に求心力を失い、同選挙では、両派合わせて九％の得票しか得ることができなかった。二〇〇二年の大統領選挙では誰もが予想しなかったような躍進を見せることになる。すなわち、この選挙でルペンは、シラクの一九・六四％には及ばなかったものの、第一回投票で、元首相でPSのジョスパン（一六・一％）を超えて一七・〇七％（メグレは二・三四％）を集め、大統領選挙の第二回投票に進出した。ジョスパンはこれを機に政界引退を表明する。第二回投票に際しては、右翼諸派のみならず、危機感を抱いた左翼諸勢力もシラクへの投票を呼びかけたため、いわば「反ルペン連合」が出来、シラクは八一・八六％の得票を得て圧勝した。ルペンの得票率は、一八・一四％であった。この選挙で負けたとはいえ、ルペンは二〇〇四年三月の統一地方選挙でも一七・五％の得票を獲得する。

この極右勢力の発展は、第一に、既成政党やそれまでの政治的慣習への告発であり、第二に、巨大な欧州建設の進展とともに進行する経済的リベラリズムと官僚主義的コングロマリットへの極端でナショナリスティックな防衛であり、第三に、「フランスのアイデンティティ」を脅かすとみなされているマグレブ（北アフリカの旧フランス植民地）系あるいはイスラム系移民に対して向けられる外国人排斥意識を反映していると考えられる。

第三に、新たな政治へのフランス国民の期待を表す動きとして、社会民主主義的勢力や環境保護主義勢力の台頭をあげることができよう。具体的には、九七年五～六月の総選挙、二〇〇四年三月二一・二八日の統一地方議会選挙で左翼が大躍進し、保守・中道を大きく引き離したことである。九七年の選挙では、環境保護派の「緑の党」（les Verts）も国民議会に初めて議席を獲得したばかりでなく、PSのL・ジョスパン内閣にPCFと「緑の党」からも入閣する〝赤＝緑〟政権となった。シラク大統領は、欧州統合を推進するための強力な政治的基盤を得ようとしたが、逆に、雇用創出や週三五時間労働制、移民保護、国民を犠牲にしない通貨統合などを掲げたL・ジョスパンに軍配があがり、保守のシラクは左翼の首相を任命することになった。二〇〇四年の統一地方選挙では、ラファラン内閣が進めている年金、医療保険改革や失業問題（失業率は九七年一二・五％、九八年一一・九％、九九年一一・二％、二〇〇〇年九・五％、二〇〇一年八・六％、二〇〇四年九・五％：欧州委統計）などへの不満から政権への国民の批判が高まり、大統領の与党右派の民衆運動連合（UMP）は、二二の地域議会選挙区のほとんどで社会党などの左翼に過半数を奪われ惨敗を喫した。ちなみに、PS、PCF、緑の党などの左翼は、五〇・四七％、UMP、UDFなどの右翼が三六・九五％、極右のFNが一二・五四％の得票を得た。

さらに、欧州連合（EU）が二五カ国に拡大後、初の選挙となった二〇〇四年六月の欧州議会選挙（新定数七三二）では、欧州憲法などの欧州問題より、対イラク政策や雇用・福祉問題など内政問題が焦点となり、英国、フランス、ドイツ、イタリアの主要国で政権与党が敗北した結果、中道右派の欧州人民民主党（二九五議席から二七六議席に後退）が社民党や労働党が参加する欧州社会党（二三二議席から二〇〇席に後退）を抑えて第一党を維持した。投票率は推定四五・三％と前回一九九九年の四九・八％を下回り、過去最低であった。他方フランスでは、同年三月の地方選についで欧州議会選挙でも野党のＰＳが支持率二八・九％と与党・民衆運動連合（ＵＭＰ）の一六・六％を大幅に上回る得票をし、ここでも左翼勢力が勝利したが、同時に、東欧諸国加盟による移民流入への不安を背景として、反移民を掲げる極右のＦＮが約一〇％で七議席を確保した。いずれにせよ、これらの欧州の各国政権は、最大の課題として、欧州統合の推進と雇用の保障・景気の回復という二つの課題の解決を迫られているのであり、そこに政権維持の成否か掛かっている。

4　むすびにかえて――フランス政治が抱える諸問題

急速に進展する政治・経済・社会・文化のグローバル化と、その中で拡大・深刻化する貧富の差の拡大、地球環境の悪化、危険な新型ウィルスの蔓延、人口増大、テロや紛争の頻発などは、世界を構成する諸国家や人々に新たな政治・経済・文化・社会モデルの模索と創出を要請している。とりわけ二〇世紀末以降、世界の経済・軍事面でのアメリカ一国の優位が続く中、アメリカ的政治経済モデルとは異なるモデルの模索をヨーロッパの諸国はめざして、二〇〇二年のコペンハーゲン首脳会議でＥＵを一五カ国体制から二五カ国体制に拡大することを決め、二〇〇四年五月に、冷戦による東西分断を克服し、人口四億五千万人、経済規模は世界の四分の一を占める「大欧州」が誕生した（新規加盟国は、中・東欧のエストニア、ラトビア、リトアニアのバルト三国と、ポーランド、チェコ、ハンガリー、スロバキア、スロベニアの旧社会主義国を中心とする中・東欧五カ国に地中海の島国キプロス、マルタを加えた一〇カ国）。しかし、こうしてEU統合が拡大・強化されることは、他方で、経済的な格差、政治的・軍事的な制度的相違や多様性、民族的・文化的多様性の諸問題を抱え込むことも意味しており、こうした課題の調整と解決をEUは迫られることになる。

こうした中でフランスは、EUおよび世界政治のなかでのフランスの位置と主導的役割の確保、国内諸制度の対応と改革、国家的・国民的統一性の維持と国民的多様性の接合など、政治・経済・社会、内外政策面で解決を迫られている多く問題を抱えている。

第一の動きとして、これまで数百年にわたって単一の中央集権的国家を頑なに守り続けてきたフランスは、二〇〇三年に憲法を改正して、地方分権化の流れを公式に位置づけることでこの動きに対応しようとしている。しかし、フランス国民は、二〇〇五年五月の国民投票で、EUの基本法となる欧州憲法の批准を、予想を超える大差で拒否した。二五の加盟国の中で初の反対表明である。続く六月一日のオランダの国民投票でも批准が拒否された。発効には全加盟国の批准が必要とされ、すでにスペインなど九カ国が批准を決め二〇〇七年ごろの発効をめざしていたが、「強い欧州」への足取りは小休止となった。フランス国民が批准を拒否した最大の理由は、欧州憲法の是非そのものより、内政問題にあるとの見方が強く、欧州拡大に伴い〝小さな政府〟など国民に負担を強いる姿勢をシラク政権が強めてきたとの不満がある。加速する市場自由化の波の中で人やモノの垣根がなくなる一方で、貧富の格差は広がり、失業率は一〇%を超える。安い労働力を求めて東欧への工場移転が増え、リストラがやまない。社会にひずみが生まれ、国民の間に経済面での不満や不安が高まりつつあり、こうしたことへの批判と、公共サービスと社会保障を大切にしてきた、かつての福祉国家政策や一国的発展を懐かしむ声が投票行動に表れたともいえよう。

第二に、このことと関連して、他民族・多文化国家フランスの抱える深刻な問題、とりわけイスラム教やアラブ系住民を取り巻く〝宗教と民族〟、〝国家と国民〟概念をめぐる諸問題がある。

シラク大統領は二〇〇三年一二月に、「公教育から宗教色を排除する」という同国の原則（政教分離の原則）に沿って「小中高校で宗教または政治的な標章を公然と着用することを禁じるべきだ」と述べ、イスラム教徒の女子生徒が公立校でスカーフを着用することを法律で禁止することを求めると発表した。同時に、ユダヤ教の帽子ヤムルカ（キッパ＝丸帽）やキリスト教の大きな十字架も禁じるとしたが、目立たない小さな十字架やバッジなどは認められるとした。これを受けて二〇〇四年二月にフランス国民議会は、公立校でのスカーフ着用禁止する法案を賛成四九四、反対三六の圧倒的多数で可決し、上院での採決を経て、九月の新学期から適用されることになった。法案は「公立校で生徒の宗教を公然と表現する標章の着用を禁止する」ことを明記している。世論調査では、国民の過半数が政府の立場を支持しているが（二〇〇三年一二月一七日付『パリジャン』紙では、スカーフ禁止の法制化に国民の六九％が賛成、反対二九％、二〇〇四年二月『ＳＯＦＲＥＳ』調査では、公立校でのスカーフ着用は「国民の団結への脅威と考える」との回答が五七％、「宗教的中立性を支持する」が七七％）、在仏イスラム教徒やイスラム教団体の多くは差別だとして強く反発している。〝スカーフ問題〟は、イスラム系移民が急増した一九八〇年代後半から表面化し、それまで個別の対応は学校長の判断に委ねられていたが、近年、スカーフ着用を理由に女子生徒が退学処分となるなどトラブルが続発し論争が過熱化、「信教の自由」と「公教育と宗教の分離」をめぐって世論を二分する論争になっている。二〇〇一年の米同時多発テロやその後のイラク戦争、パレスチナ問題などイスラム世界をめぐる国際情勢がこの論争の火に油を注いでいる。また、二〇〇四年一月には、ナントで、アルジェリア出身でイスラム教徒移民初の知事として東部ジュラ県新知事に指名されたばかりのエッサ・デルムーシュ氏の車が駐車中に爆破される事件など、イスラム教徒などの移民問題をめぐり緊張が高まっている。フランスのイスラム教徒は人口の約八%（五〇〇万人）を占め欧州最大規模で無視できない存在となっている。彼らの多くは穏健派で、九割がアフガニスタン攻撃を支持したが、最近の世論調査では、差別を感じるイスラム教徒は八割に達するという。逆に、イスラム教徒がフランスに多過ぎると感じているフランス人も六割を超える。

彼らの排斥を主張するFNも支持を集めて力を増してきていることから、イスラム教徒の一部は疎外感を募らせ、若年層のイスラム原理主義への傾斜を懸念する声も出始めている。また、イラク戦争に突き進んだ米国に「ノン」を突きつけ反対したフランスは中東・アジアのアラブ系イスラム諸国と良好な関係を維持してきたが、こうした流れが外交面に及ぼす影響も無視できなくなっている。国家と個人が「国民」という概念で直接むすびついている「共和主義」国家フランスの中に、近年、イスラム教徒を中心として、国家と個人の中間に位置する宗教・民族的な集団や共同体の利益を最優先する「共同体主義」の台頭が見られる。イスラム系移民の多くは郊外の低所得者住宅に住み、失業率も二〇%台で極めて高い。二〇〇五年の一〇月に、移民の多く住むパリ北東部でのアフリカ系少年の死をきっかけにはじまり、一一月に、「国家非常事態宣言」（アルジェリア独立戦争中の一九五五年に施行された非常事態法に基づき非常事態を宣言、必要に応じて夜間外出禁止令を発令できる権限を県知事に与えた）を発するまでにフランス全土に拡まったアラブ系・北アフリカ系若者たちによるとされる暴動も、この文脈の中に位置づけられる。不満のはけ口を宗教に求めている側面も無視できず、法規制の強化と同時に、社会への同化をどう図るかが今後の課題といえる。

さらにフランスは、イスラム教徒だけでなく、現在、EU内最多のユダヤ人（約六〇万人）を抱えている。一九世紀末、仏軍のユダヤ人大尉がスパイの冤罪を着せられた「ドレフュス事件」が起き、イスラエル樹立につながるシオニズム（ユダヤ人国家建設運動）活性化の契機になった。第二次大戦下のナチス・ドイツ占領下のビシー政権ではナチス・ドイツに協力し、多くのユダヤ人が強制収容所に送られ殺害された。一九九五年、シラク大統領は大戦中のユダヤ人迫害についてフランス国家の責任を公式に認めた経緯があり、ユダヤ人はイスラエル、米国、ロシアに次いで世界で四番目に多い。このため中東情勢の悪化が国内の社会不安につながりやすい。また二〇〇四年春以降、ユダヤ人墓地の墓石にナチス・ドイツのカギ十字が落書きされるなどの事件が続発しており、二〇〇六年一月には、ユダヤ人青年が誘拐され、拷問の末に死亡する事件が発生した。ユダヤ人差別が背景にあるとみられ、フランス社会に大きな衝撃と怒りと恐怖を引き起こした。二月二六日にはユダヤ人組織などの呼び掛けで、パリで人種差別反対などを訴えるデモが行われ、サルコジ内相やジョスパン元首相ら左右両派の政治家もデモに加わり危機感をうかがわせた。

最後に社会・経済面での戦後フランスの主要課題は、パリ一極集中と地域間格差の是正、産業構造の転換であった。近年、欧州統合が進展する中で、欧州単一市場への対応、国内的には経済再建と失業問題の解決が大きな課題となっている。人種差別主義と反共主義に立つ極右のＦＮは、非行・暴力・犯罪・失業の増加問題をフランス在住の移民・難民や外国人労働者問題と結びつけて国民に潜在する不満とナショナリズムに油を注ぎ一定の安定した政治勢力を成しつつある（八四年のＥＣ議会選挙までは一％に満たない泡沫政党だったが、八八年の大統領選挙の第一回投票時には一四・六％へと急成長し、現在ではほぼ一〇〜一八％の得票率を維持）。他方で、これに対抗する反ラシスムやフェミニズム、エコロジー運動などの「新しい社会運動」も対抗勢力としては充分育っていない。二〇〇七年に予定されている大統領選挙では、欧州統合の進むなか、フランス国家がこれら国内的諸問題をいかに解決し、「強欧州」のなかで誰が強いリーダーシップを発揮できる資質をもっているかが問われることになろう。

これらの動きは、ある意味で、世界空間の変容へのそれなりの対応でもある。フランスを取り巻く最大の変化は、ヨーロッパ統合の進展の中で、ヨーロッパ社会が「国民国家」から「世界社会—国家—市民社会」の三層構造ないし空間へと変容し、ヒト・モノ・カネ・サービス・情報が自由に行き来し、国家がボーダレス化する一方で、かつての周辺部が新しい中心部へと成長し、新たな関係構造を形成しはじめていることである。その中で、生命倫理、文化や教育、環境問題などは、人々の生き方やアイデンティティを再審問する新たな争点となっている。この世界空間の変容をフランスが正確に認識することが必要である。そうした中で、官僚機構に依拠し単一文化指向をもつ中央集権的国家フランスが、国家対市民社会の図式、あるいはユーロクラート対フランス国家エリートの対抗関係をうまく抜けだし、国内的には、パリ一極集中の打破と真の地方分権化による地方と地域の活性化を通じた新しい中心部の創出に成功するかどうか（地域の時代の到来）が今後のフランス政治の未来を切り開く鍵である。単一的な中央集権国家という固い政治制度をフレクシブルにグローバル対応型に改変し、フランスはヨーロッパの中の一地域という認識を持つことが大切である。

〔國廣敏文〕

【参考文献】

①樋口陽一／吉田善明編『解説　世界憲法集〔第3版〕』三省堂、一九九四年
②新倉俊一他編『事典　現代のフランス〔増補版〕』大修館書店、一九九七年
③草場安子『現代フランス情報辞典』大修館書房、一九九八年
④中木康夫編『現代フランスの国家と政治』有斐閣、一九八七年

⑤清水弟『フランスの憂鬱』岩波新書、一九九二年
⑥奥島孝康／中村紘一編『フランスの政治』早稲田大学出版部、一九九三年
⑦岩本勲『現代フランス政治過程の研究』晃洋書房、一九九七年
⑧下條美知彦『フランスの行政』早稲田大学出版部、一九九六年
⑨J・E・S・ヘイワード（川崎／岩本／古川／田口訳）『フランス政治百科』（上・下）、勁草書房、一九八六〜八七年
⑩R・レモン（田中／塚本訳）『フランス　政治の変容』ユニテ、一九九五年
⑪P・モリス（土倉／増島／今林訳）『現代のフランス政治』晃洋書房、一九九八年
⑫渡辺和行他『現代フランス政治史』ナカニシヤ出版、一九九七年
⑬渡邊啓貴『フランス現代史』中公新書、一九九八年
⑭山下茂／谷聖美／川村毅『増補改定版　比較地方政治』第一法規、一九九二年
⑮梶田孝道『統合と分裂のヨーロッパ』岩波新書、一九九三年
⑯R. Gildea, *France since 1945*, Oxford U.P., 1996.
⑰J. Girling, *France, Politics and Social Change*, Routledge, 1998.
⑱ミュリエル・ジョリヴェ（鳥取訳）『移民と現代フランス』集英社新書、二〇〇三年
⑲中田晋自『フランス地域民主主義の政治論』御茶の水書房、二〇〇五年

第4章　ドイツの政治制度

1　政治制度形成の歴史的背景

ドイツ連邦共和国はヨーロッパの中心部に位置する。面積は約三六万平方キロで日本とほぼ等しく、人口は約八二〇〇万人でヨーロッパではロシアに次いで二番目である。ＧＤＰの規模はヨーロッパ最大、世界でも第三位という経済大国である。

1　ドイツ帝国

一九世紀中頃のドイツは、プロイセン、バイエルンなど数十の中小国に分かれるとともに、イギリスやフランスに比べて民主主義の発展も遅れ、また工業化の面でも後進国であった。国民国家の統一、民主化、近代化という課題を同時に追求しなければならなかったという点で、同時代の日本やイタリアと似た歴史的条件を抱えていた。

ドイツの統一を実現したのは、民主主義よりも軍事力強化を優先するプロイセンの首相ビスマルクであった。プロイセン軍がデンマーク、オーストリア、フランスを次々と破ったあと、一八七一年にドイツ帝国が成立した。帝国憲法では、国家の統一性を強めるために、プロイセンの国王と首相がドイツの皇帝と首相をそれぞれ兼ねることとされた。一方、民主主義の面では、国民の代表機関として男子普通選挙によって選ばれる帝国議会が置かれたが、議会の権限は制限されていた。つまり、首相の任免権や軍の統率権は皇帝が持ち、また法律の最終決定権は、二五の邦（帝国を構成する中小国）の代表機関である連邦参議院に委ねられた。

2　ワイマール共和制からファシズムへ

第一次世界大戦は長期化に伴って次第にドイツ側が劣勢となり、国内で兵士の反乱も多発したので、一九一八年一一月、皇帝は退位・亡命し、新政権は共和制を宣言して連合国側と休戦協定を結んだ。総選挙の結果生まれた議会は、社会民主党（ＳＰＤ）のエーベルトを大統領に選び、また一九一九年に新しくワイマール憲法を制定した。

この憲法は、基本的人権の面では、従来の自由権に加えて、社会権と呼ばれる諸権利、たとえば家族の保護、児童の保護、労働者の団結権や企業での決定参加権などを盛り込んだ。国家は社会的公正や福祉の増進のために積極的に活動すべきだとされたのである。この憲法にのっとって実現された政策として、八時間労働制、失業保険制度などがある。

一方、統治機構（政治制度）の面を見ると、「国家権力は国民に由来する」（第1条）として共和制を宣言したあと、議会選挙については男女による普通選挙、比例代表制の原則などを導入し、また有権者の一〇分の一の発議による国民投票制度を定めていた。しかし、「純粋」な比例代表選挙のゆえに一〇前後の政党が乱立することになり、首相および各大臣が議会に対して責任を負うとする議院内閣制のもとで、内閣は不安定化し交替を繰り返した。以上のような、見方によっては民主的すぎる制度とともに、他方で、国民の直接選挙で選ばれる大統領に強い権限が与えられた。議会を解散する権限、「公共の安全および秩序に著しい障害が生じ、またそのおそれのあるとき」に基本的人権の一部を停止しうるという非常権限（第四八条）、および首相を任免する権限などである。

憲法制度上の不安定要因に加えて、ワイマール共和制は当初から、左右の政治勢力からの攻撃にさらされていた。君主制の復活を望みベルサイユ条約に基づく「屈辱的な」領土喪失と賠償を批判する右翼勢力は官僚や裁判官をも含んでおり、逆に、左の共産主義者はロシアでの社会主義革命をドイツに移植しようと考えた。「民主主義者のいない民主主義」と呼ばれる、両極化した社会状況であった。

一九二〇年代後半の一時的な安定と繁栄の時期のあと、右翼のナチス党のヒトラーが全権を握るに至る経緯は複雑だが、概要は次のようなものである。①二九年の世界恐慌がドイツにも及び、三〇年三月、失業保険をめぐる対立から連立政権が崩壊し、後継の不安定な少数派内閣は大統領の非常権限行使に支えられて政治運営を行うようになる。②失業者が増えるなかで、九月の国会選挙ではナチス党と共産党が躍進する。③三一年、ヒトラーは出版・新聞・映画産業を支配するフーゲンベルクの提唱した右翼連合に参加し、共産主義への対抗を期待する大企業からも資金を提供されるようになる。④三二年の大統領選挙で民主勢力は現職のヒンデンブルク（第一次世界大戦時の元帥）を支持し、ヒトラーを破る。⑤失業者は六〇〇万人を越え、七月の国会選挙でナチス党は六〇八議席中二三〇議席を占めて第一党になる。⑥三三年一月、大統領はついにヒトラーを首相に任命する。⑦二月、国会炎上事件を口実に、ヒトラーの要請で大統領の非常権限が発動されて憲法の基本的人権条項の適用が停止され、政府は共産党員を弾圧・拘束する。⑧三月の国会選挙でナチス党等の右派は五二％の得票率を得る。⑨三月、政府に自由な立法権限を与える「全権委任法」が、ＳＰＤ以外の賛成で国会で可決される。

ドイツ民族の優越や政治的指導力を掲げたヒトラーが、社会の混乱や政治制度にも助けられて、権力を獲得したのである。このあと、ヒトラー政権は労働組合、政党を一元化し、連邦制を廃止するなど、独裁体制を固め、ファシズム（全体主義）国家を構築した。

3　ボン基本法からドイツ再統一へ

ヒトラーの侵略の累積が引き起こした第二次世界大戦は、ドイツを破局へと導いた。ドイツは一九四五年、首都ベルリンを占領されてようやく無条件降伏し、アメリカ、イギリス、フランス、ソ連によって分割占領された。西側三カ国とソ連はドイツ民主化の方針等をめぐって対立を深めたので、四九年、ドイツは二つの国に分かれ、それぞれが憲法を制定した。ドイツ連邦共和国（西ドイツ、首都ボン）は自由民主主義的な政治体制と資本主義経済、西側との軍事同盟（NATO）を選び、ドイツ民主共和国（東ドイツ、首都ベルリン）は社会主義の政治経済体制とソ連との軍事同盟（ワルシャワ条約機構）を築くことになった。

中央政府が崩壊し、かつ国土が分割占領されていたために、ドイツ連邦共和国の憲法は、一一の州政府の代表による専門委員会で起草され、州議会の代表を集めた「議会評議会」で可決されたあと、各州の議会で採択された。憲法ではなく基本法（Grundgesetz）と名付けられたのは、将来のドイツ統一によって本当の憲法が制定されるまでのあいだ、暫定的な基本秩序を定めておくにすぎないという意思の表明であった。

東西ドイツの関係は、東側によるベルリンの壁の建設（一九六一年）などによって分断と対立が深まったが、六九年に西ドイツ初の政権交代によって成立したSPD・FDP政権は、二つのドイツという現実を承認しつつ、東西ドイツ間の人的交流や交易を進める政策をとった。

一九九〇年のドイツ再統一は、東ドイツの体制崩壊によってもたらされた。この「柔らかな革命（sanfte Revolution）」の過程を簡単に追うと、①メディアの国家管理や秘密警察による監視があり、また選挙も社会主義統一党（共産党）を中心とする統一候補者名簿への信任投票の形で行われていた（信任票は通常九九％以上）ため、市民の不満は制度的には表現されなかった。②むしろ八九年には、政治的自由化が進むハンガリーを経由するなどの手段で、西ドイツへの出国者が二〇万人を超えた。③国内では、民主化を求める市民運動が教会にも庇護されて大規模なデモを繰り返した。④社会主義統一党の指導者が交代し、民主化による体制の存続を指向し、一一月にはベルリンの壁を開放した。⑤しかし、九〇年三月に自由な選挙を行うと、西ドイツからの政党の応援もあって、保守・リベラル・社民の大連立政権が誕生する。⑥西ドイツのコール首相は、ゴルバチョフ・ソ連大統領から、統一ドイツは中立化するのではなくＮＡＴＯに所属してもよいという了承を取り付けた。⑦八月、東ドイツ国会が西ドイツへの加入方針を宣言したあと、東西ドイツが統一条約を締結するに至った。こうして、東ドイツ内部の不満、西ドイツの働きかけ、東欧・ソ連の自由化という三つの要因が合わさり、建国四〇周年を祝ったばかりの社会主義体制は—平和的に—崩れ去ったのであった（⑥⑦）。

以上のような経緯から、再統一の形式は、ドイツ民主共和国がドイツ連邦共和国基本法の適用領域に加入するというものとなった。つまり「東」の「西」による吸収合併であるため、基本法は最小限の修正を受けただけで、そのまま維持されることになった。

2　政治制度とその機能

1　主権とその行使

基本法二〇条二項は、「すべての国家権力は国民（Volk）に由来する。国家権力は、選挙と投票において、また立法、執行権および裁判の個別の諸機関を通じて、国民により行使される」と定める。国民主権の原理、そして選挙で選んだ代表者その他の国家機関を通じて主権が行使されるという間接民主主義の原理が宣言されているわけである。ただし、同条四項は、憲法的秩序を排除する企てに対して他の救済手段が可能でない場合に、国民は抵抗の権利を行使しうるものと定めている。

近年、直接民主主義の導入も進み、多くの州において、州レベルや市町村レベルでの住民投票（Bürgerentscheid）の制度がある。有権者の一定割合（市町村の場合には一〇％程度）の署名によって州の法律や市町村の条例の制定改廃を求め、住民の投票によって決定する制度である。

2　国家の基本原理と基本的人権

ドイツ連邦共和国の基本原理として、基本法二〇条は、連邦制、民主主義、社会国家、国民主権、法治国家などを掲げている。これらの原理は、基本法の改正によっても変えることは許されない（七九条）。連邦制については後述する。社会国家（Sozialstaat）は、社会的公正と国民の人間らしい生活を促進することを目標にするもので、福祉国家とほぼ同義と考えてもよい（⑩六三七頁）。法治国家については、二〇条三項が、「立法は憲法的秩序に、執行権と裁判は法律と法に、拘束される」という表現をとっている。

基本的人権(Grundrechte)の規定は、基本法の冒頭に置かれている。第一条で、人間の尊厳を尊重し保護することがすべての国家権力の責務であるとうたったあと、二条から一九条までは、信仰・良心の自由、表現の自由などおもに各種の自由権を定めている。ワイマール憲法に含まれていた社会権のカタログはほとんど姿を消し、代わりに前述の「社会国家」規定が置かれて、社会的・経済的・文化的権利の実現は広範に立法者に委ねられている。なお、兵役の義務と良心的兵役拒否者のための代替役務(一二a条)、政治的亡命の受け入れ(一六a条)、軍隊における基本権の制限(一七a条)、基本権を「自由で民主的な基本秩序に敵対するために」乱用する場合の基本権喪失(一八条)、「基本権はその本質的内実において侵害されてはならない」(一九条二項)などの規定も特徴的である。また、一九九四年の基本法改正によって、環境保護、男女平等の実現が国家の目標であること、および障害者への不利な扱いが禁止されることが、明文化された(三条、二〇a条)。

3　権力分立方式の特徴

ドイツの政治制度の全体像は、図4-1のようになっている。連邦のレベルでは、立法権は連邦議会と連邦参議院、行政(執行)権は連邦政府、司法権は各種の裁判所に委ねられている。

これら諸機関の相互関係についてはそれぞれの説明に譲ることとして、ここでは四つの点に注意したい。戦後のドイツは、ワイマール憲法のような大統領制をとらず、大統領の権限は儀礼的なものに限られている。議院内閣制の原理のもとで議会与党と政府とが結びついているために、立法権と行政権の分離は多少弱まり、むしろ立法権内部での与党・野党の拮抗が重要になる。司法の面では、通常の裁判所に加えて、強力な連邦憲法裁判所を設置して

図4-1　ドイツ連邦共和国の政治制度

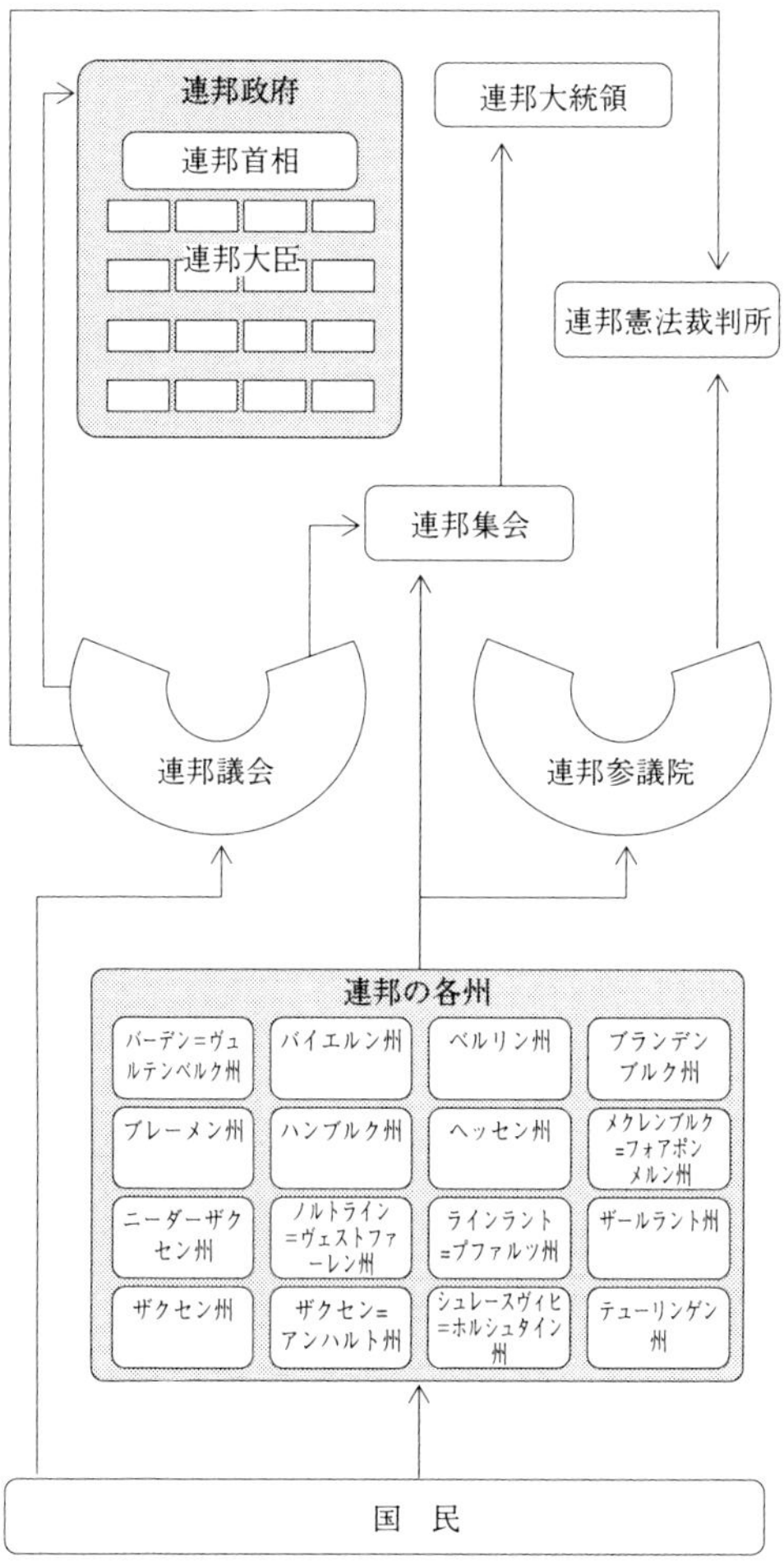

〔出典〕 連邦政府新聞情報庁編『ドイツの実情』1997年。

いる。そして、立法、行政、司法という「水平的な」権力分立に加えて、ドイツでは連邦制による地方分権を「垂直的な権力分立」と呼んで、重視している。

4　大統領

連邦大統領（Bundespräsident）は、国家の元首であり、国際法上、連邦を代表する。その権限は、おもに儀礼的なものである。例えば、大統領は外国と条約を締結するが、これは連邦法の根拠を必要とする。連邦総理大臣は、大統領が議会多数派の意向に基いて提案した候補者が、連邦議会で選挙されたあと、大統領によって任命される。そして、大統領の命令および処分は、それが有効であるためには、連邦総理大臣または管轄連邦大臣による副署を必要とする（基本法五八条）。

このように、実質的な権限をもたない大統領であるが、政治的・倫理的な基本理念に関する演説などを行うことによって、大きな威信を獲得し、政争を超えた国家の統合のシンボルとして機能する面もある。

大統領の選出は、連邦議会議員と各州から派遣された同数の代表が構成する「連邦集会」において行われる。近年では、ワイツゼッカー（CDU）が一九八四年から大統領を務めたあと、九四年にはヘルツォーク（CDU）、九九年にはラウ（SPD）、二〇〇四年にはケーラー（CDU）が、大統領に選出された。任期は五年である。

5　立法機関

立法機関について、ドイツは独特の二院制をとっている。すなわち、連邦議会（Bundestag）は国民から選出され、国民を代表する機関であるが、連邦参議院（Bundesrat）は、連邦制における州の参加権・発言権を保障するという地方分権のための役割を持つ。

連邦議会の議員定数は五九八で、議員の任期は四年間である。連邦参議院の六九人の議員となるのは、一六ある州政府から派遣された州政府のメンバーである。各州での議会選挙で連邦政府への不満が表明されることにより、参議院では連邦野党が多数を占める傾向がある。

一九九〇～九四年に八〇〇件の法律案が提案された。うち四〇七（五一％）件は政府提案だが、連邦議会、参議院の提案もそれぞれ二九七（三七％）、九六（一二％）件ある。成立した五〇七の法律の内訳は、政府、連邦議会、参議院、三者共同の提案のものが、それぞれ三四五、九九、二八、五〇件であった。

立法手続き（基本法七六、七七条）は複雑であるが、政府提出法案はまず参議院に送られて参議院が賛否の態度を決めたのち、連邦議会で議決される。連邦議会提出法案はそのまま、また参議院提出法案は連邦政府によって連邦議会に提案されて、議決される。そのあと、基本法を改正する法律、州が執行を担当しかつ執行の細部を定める法律、州が経費の四分の一以上を負担する法律、連邦と州の租税配分を定める法律などについては、参議院の同意を必要とし、同意が得られなければ不成立となる。実際には、法律案の五～六割が、参議院の同意を必要とするものである。参議院はその同意を必要としない法律に対しても異議を述べることができるが、連邦議会はこれを決議によって却下することができる。

6　連邦議会の選挙

選挙制度は比例代表制と小選挙区制の「併用制」とも呼ばれるが、各党の議員数は原則として得票率に比例するのだから、比例代表制の一種とみなしてよい（⑧八三頁）。総定数五九八人に対して、二九九の小選挙区がある。有権者（一八歳以上の国民）は二票を持ち、第一票を選挙区の候補者に、第二票を比例代表制のための政党の候補者リスト（州ごとにつくられる）に、それぞれ投票する。選挙区と政党リストには重複して立候補できる。この重複立候補制度は、政党本位の選挙のために役立ち、また小政党の選挙区での活動を可能にするもので、日本でのような批判はないようだ。かつてコール首相も、選挙区で敗れ、政党リストを通じて当選したことがある。

まず、各政党が連邦全域で獲得した第二票の数に比例して、各政党の議席数が決まる。この政党ごとの議席数が州に配分され、その党で小選挙区で当選した者を差し引いた残りの議席が、州の政党リストの上位者から順に占められていく。選挙区当選者は確定的に議席を得るから、ある党の選挙区当選者の数が比例代表による議席数を上回る場合は、上回る分の議席数が総定数に追加される（いわゆる超過議席）（①七二〜八〇頁）。

ただし、政党が議席を得るためには、連邦全域で第二票の五％以上を獲得するか、または小選挙区で三議席以上を獲得しなければならない。この「五％条項」は、ワイマール時代のような小党分立を避け、政権を安定させるために導入されたものだが、少数派にとってはハードルである。

こうした選挙制度は、選挙の結果に次のような特徴をもたらしている。

第一に、穏健な多党制、つまりイデオロギーの比較的近い三つ以上の政党がつくるシステムである。表4-1で選挙結果の変遷を見よう。まず、五〇年代には最初六つあった小政党が得票率五％を超えられずに衰退し、生き残って成長したのは、保守党つまりキリスト教民主同盟（CDU）とその姉妹政党であるキリスト教社会同盟（CSU）、中道リベラルの自由民主党（FDP）、そして社会民主党（SPD）の三つであった。五九年にSPDはマルクス主義から離れ、また国土防衛を肯定するなど穏健な「国民政党」をめざし、支持を伸ばしはじめ、六一年の選挙ではCDU／CSUの得票率が五〇％を割る。これ以降は、CDU／CSUとSPDの二大政党の間に、小さなF

表4-1　連邦議会選挙の結果（第二票による得票率）

	1949	1965	1969	1972	1976	1980	1983	1987	1990	1994	1998	2002	2005	（議席）
投票率(%)	78.5	86.8	86.7	91.1	90.7	88.7	89.1	84.4	77.8	79.0	82.3	79.1	77.7	
CDU/CSU	31.0	47.6	46.1	44.9	48.6	44.5	48.8	44.3	43.8	41.5	35.2	38.5	35.2	226
SPD	29.2	39.3	42.7	45.8	42.6	42.9	38.2	37.0	33.5	36.4	40.9	38.5	34.2	222
FDP	11.9	9.5	5.8	8.4	7.9	10.6	7.0	9.1	11.0	6.9	6.2	7.4	9.8	61
緑の党	—	—	—	—	—	1.5	5.6	8.3	5.1	7.3	6.7	8.6	8.1	51
PDS	—	—	—	—	—	—	—	—	2.4	4.4	5.1	4.0	8.7*	54*
その他	27.8	3.5	5.5	0.9	0.9	0.5	0.5	1.2	4.2	3.5	5.9	3.0	4.0	0

〔注〕 1953, 57, 61年は省略した。2005年の議席数は超過議席16を含む。＊は「左派新党」。
〔出典〕 ⑪ p. 80, ⑧ p. 128, ドイツ連邦議会ホームページ（www. bundestag. de）

DPが存在するという構図が続いてきた。つまり、二大政党のどちらも単独では過半数に達しないため、六六～六九年のような「大連立」をつくる以外は、FDPと連立を組むことになり（表4-2）、各政党や政府の方針は中道寄りになる傾向があった。また第一票で大政党の候補者を選んだ有権者の一部も、単独政権を望まず、行き過ぎを防ぐチェック機能を期待してFDPに第二票を投じてきたといわれる。

もちろん、選挙制度だけが穏健な多党制の原因なのではない。連邦憲法裁判所は一九五二年に右翼の社会主義国家党を、五六年にドイツ共産党をそれぞれ違憲（基本法二一条二項）として禁止した。

しかし、八〇年代以降、この「二大一小」政党システムに変動が生じた。八三年には、五%条項のハードルを越えて緑の党が連邦議会に進出した。このグループは、環境保護運動と反核・平和運動のなかから生まれ、SPDよりも「左」ないしは現状の政治・経済体制に批判的で、新しい問題提起を行った。その後、政策を現実主義化させつつ、九八年の選挙のあとSPDと連立して与党に加わるに至った。一方、失業問題が深刻化するなか、排外主義的な右翼（ネオ・ファシズム）の共和党（Republikaner）等が、八九年以降いくつかの州議会選挙で五%を超えて議席を得たことがある。さらに、東西統一後は、旧東ドイツ地域を中心に、社会主義統一党（共産党）の後継者である民主社会党（P

表4-2　連邦総理大臣（首相）と連立政権

首相	任期	（年）	連立与党
Adenauer	1949-63	14	CDU/CSU，FDPなど
Erhard	1963-6	3	CDU/CSU，FDP
Kiesinger	1966-9	3	CDU/CSU，SPD
Brandt	1969-74	5	SPD，FDP
Schmidt	1974-82	8	SPD，FDP
Kohl	1982-98	16	CDU/CSU，FDP
Schröder	1998-2005	8	SPD，緑の党
Merkel	2005-		CDU/CSU，SPD

表4-3　連邦議会議員の職業別構成（1994〜98年）

官吏，裁判官，公務員	46.2%
団体，政党，労組の職員	15.0
自由業（医師，弁護士，ジャーナリストなど）	11.6
経営者，自営業	9.4
労働者，主婦など	5.5

〔出典〕 Die Woche, 11. September 1998

DS）が議席を獲得している。このPDS等による「左派新党」（Die Linke）が伸びたため、二〇〇五年の選挙結果は分散的になり、結局、CDU／CSUとSPDの大連立政権がつくられることになった。それでも全体として、ドイツの選挙制度は、政権の安定、政権交代の可能性、少数派の進出可能性をもたらしているようだ。

　ドイツの選挙の第二の特徴は、有権者の投票が、政党や政策を基準とするものとなっていることである。旧西ドイツでの有権者調査によれば、一九八七年連邦議会選挙での投票決定動機は、「政治的問題への対応」五一%、「政党のイデオロギーや業績」三九%、「利益の代表」一五%、「いつもその政党に投票しているから」一三%、「候補者」八%、「戦術的考慮」八%、「その他」一八%となっており、地元や職業の利益よりも政策や政党への評価が中心の選挙である（⑫一一四頁）。一九九八年選挙での調査でも、「人物」一二%に対して「政党のプログラム」六三%という結果であった（⑭）。併用制の効果は、この意味でも、比例代表制に近いといえる。

　第三に、地元有権者の支持もたいせつだが、政党リストに名前が乗れば、個人的「地盤」がなくても当選できる。したがって、議員の職業別構成を見ると（表4-3）、公務員が半数に近いが、これには裁判官、教員、研究者なども含まれている。弁護士、医師などの専門職も少なくない。

7　政党

基本法二一条は、「政党は国民の政治的意思形成に協力する」と政党の重要性を確認するとともに、その「内部秩序は民主主義の諸原則に合致していなければならない」などと注文もつけている。

表4-4　政党の党員の職業別構成（1990年）

	CDU	CSU	FDP	SPD
労働者（Arbeiter）	9.4%	18.3	5.0	26.0
職員（Angestellte）	28.6	20.2	30.0	26.6
官吏（Beamte）	12.8	15.9	14.0	11.3*
自営業	23.4	34.8	19.0	4.3
年金生活者	4.7	3.4	12.0	9.2
主婦	11.3	3.7	11.0	12.2
学生	3.4	3.7	9.0	6.6

〔注〕 FDPのみ1986年。　＊兵士を含む
〔出典〕 ⑧ p. 138.

ドイツでは一九五九年以降、政党活動への国庫補助制度が発達し、これはその後西ヨーロッパ諸国や日本に広まっていった。

九六年度のデータでは、CDU、SPD、緑の党ともに、最大の収入源は党員が納める党費で収入全体の約四～五割に達し、続いて国庫補助が約二～三割を占めている。企業などからの献金の割合はFDPでも三割強、CDUでは二割弱にとどまっている。国庫補助制度には、政党財政を安定させ、特定団体からの献金への依存度を減らす効果がみられるといえよう。

各政党の党員数は、二〇〇二年現在で、社会民主党（SPD）七二万人、キリスト教民主同盟（CDU）六五万人、キリスト教社会同盟（CSU）一八万人、自由民主党（FDP）七万人、緑の党五万人、民主社会党（PDS）八万人となっている。そのメンバー（表4-4）を見ると、かなりの主婦や学生が党員となっており、また官僚も保守党、社民党のいずれにも同じ程度に参加している。ドイツでは、市民の政治意識が高く、政党活動への参加は社会的に普通の行為

であるようだ。同時に、党員であることが政府、自治体機関の職員への採用など本人に利益をもたらす面もあるといわれる（⑬五頁）。

8　行　政

連邦政府（Bundesregierung）は、連邦総理大臣（Bundeskanzler）および連邦大臣から構成される。連邦政府（内閣）の意思決定手続きについては、つぎの三原則がある。総理大臣は政治の基本方針を決める。この基本方針の範囲内で、各大臣は、独立してかつ自己の責任においてその所轄分野を指揮する。大臣の間での意見の相違については、内閣が決定をくだす（基本法六五条）。

行政機関と立法機関の関係については、議院内閣制の原理がとられている。連邦議会は総理大臣を選出し、総理大臣は各大臣を任免する（形式上は、大臣は大統領によって任免される）。逆に、議会が内閣に対して不信任を表明するためには、同時に議会の過半数をもって後任の総理大臣を選ばなければならない。これは、建設的不信任決議（konstruktives Mißtrauensvotum）と呼ばれ、ワイマール時代への反省から、次の政権構想を持たないままの「無責任な」内閣不信任決議を避け、政権の安定を図るために導入されたユニークな制度である。政権の寿命は長く、首相のリーダーシップは概して強い（表4-2）。

ベルリンの連邦政府は、首相府のほか、一四の省に分かれ、うち六省はボンにある。各省には大臣のもとに政務次官、事務次官が置かれる。事務次官に加えて局長のレベルまでは「政治的官僚」と呼ばれ、政権交代などにともない内閣や大臣の信頼を失った場合に交替させられうる。

連邦や州の行政官僚制は、かなりの程度に政党の浸透を受けている。政治的中立性の義務は限定的で、官僚には各政党の党員も多い（表4-4）。公務員として出世するためには、連邦や各州の与党に近い関係にあることが望ましいともいわれる。

ただし他方で、官吏は「いかなる場合にも自由で民主的な基本秩序を擁護しなければならない」との法規定に基づき、極右、極左の政治組織に所属する者は、公務員への採用を拒絶されうる。

9　司　法

ワイマール憲法の崩壊を反省し、憲法が守られているかを監視する機関として、連邦憲法裁判所（Bundesverfassungsgericht）が設けられている。国際的に見てもユニークなこの機関の権限（基本法九三条）は、連邦最高機関間の、あるいは連邦・州間の紛争についての判断、連邦や州の法が基本法と一致するかに疑義がある場合に判断をする抽象的規範統制など、広範にわたる。国民が公権力によって基本権を侵害されたと主張する憲法異議（Verfassungsbeschwerde）も多く、その成功率は約三％である。

憲法の番人としての連邦憲法裁判所は、野党や少数派にとって政府に異議を申し立てる重要な手段となっている。例えば、統一後の九〇年連邦議会選挙では、五％条項をドイツ全体を単位として適用することが政府方針になっていたが、旧東地域で活動するPDSなどがこれを基本法の定める機会均等に反するとして、連邦憲法裁判所に訴えた。判決は憲法（基本法）違反であるとして、政府に選挙方式の修正を命じた。その結果、東西ドイツのいずれかで五％を獲得した政党には議席が配分されることになり、東地域でPDSは議席を獲得したのである。

連邦憲法裁判所は一六人の裁判官から構成され、任期は一二年で再任はない。裁判官が、半数ずつ連邦議会と参議院によって直接選ばれることも特徴的で、政党間の争いになることもある。しかし、議会での選出に三分の二の賛成による多数決が適用されることもあって、ＣＤＵ寄りとＳＰＤ寄りの裁判官がバランスを保っている。同裁判所長官も、これらの二大政党から交互に選ばれる慣習がある。また、裁判官の宗教別、地域別のバランスにも配慮がなされ、結果として、中道寄りで柔軟な法廷が形成されているといわれる（⑧二七二～六頁）。

これ以外に、一般の裁判所として、通常裁判所、行政裁判所、財務裁判所、労働裁判所、社会裁判所の五系列がある。

10 連邦制と地方自治

国名からも明らかなように、ドイツは連邦国家（Bundesstaat）であり、アメリカ、カナダなどと同じく連邦制（Föderalismus）をとっている。連邦制とは、単一国家（日本など）に比べてより地方分権的な国家形態であり、ドイツでは、中央政府（連邦）とともに地方政府（州）も国（Staat）であると理解されている。

戦後ドイツの連邦制は、ドイツ帝国以来の伝統と、ファシズム時代の中央集権への反省、分割占領、それによる中央政府の消滅とプロイセンの解体が合わさった結果として生まれた。カナダやスイスの連邦制のように基盤に言語・民族の地域的差異があるわけではない。

統一後のドイツは一六の州（Land, 図4-2）に分かれる。州の面積・人口に関して多様であり、州どうしの合併には通常住民投票がおこなわれる。その力は日本の都道府県に比べて大きい。まず、州ごとに憲法を定めている。立法権は基本法が列挙する広い領域に関して連邦に属するが、州は連邦参議院を通じてその立法過程に参加する。さらに州は、文化、教育、警察、地方制度などの分野については独自に法律を定める。逆に、法律を執行する行政権は原則として州に属し、連邦政府自身が執行機関を持つ国防などの分野は例外である。連邦法を州が（原則として固有事務として）執行するという形での役割分担が一般的だといえる（基本法七〇～七五、八三条、①八一～一二三頁）。州に保障された財源も大きく、固有の税収入と一種の地方交付税がある。

連邦制の長所として挙げられるのは、第一に文化、宗教などの地域的多様性を尊重し反映させること、第二に「垂直的権力分立」として、自由の確保に役立ち、州のレベルで大きな実験の機会、市民や団体の政治参加の場、そして野党が政権に就くチャンスを生み出し、また政治的問題の圧力を分散することである（⑬八〇頁）。

州議会は比例代表制の原則によって選ばれ、首相を選出する。政党の連立による政権が多く、与党の州議会議員が各省の大臣ポストを分担する。戦後の連邦首相の多くは州首相の経験者であり、連邦制は政治家が経験を積む機会を提供している。緑の党も、まずいくつかの州議会で五％条項を越えて登場したあと、連邦議会に進出したのであった。

なお、基本法の保障を受けかつ州の定める制度に基づき、地方自治の単位として市町村がある。市町村議会の選挙も比例代表制であるため、政党間競争が活発で、また専門職や公務員、女性、学生なども政党リストに掲載されて議員になることが容易である。

3　政治制度と政治過程の特徴

1　権限の分散

以上のような憲法上の政治機構をみると、まず目につくのは、権限の所在が分散的であることである（⑪三九頁）。議院内閣制のなかで多数党に支えられた連邦首相のリーダーシップは大きいとはいえ、決定を行うためにはいくつかの機関や組織の合意を得なければならない。まず、連邦政府と州政府の権限分立がある。連邦参議院は州の利益を代表するとともに、しばしば野党が多数を占めてその抵抗の拠点となる。「第三の立法機関」とまでいわれる連邦憲法裁判所の力も大きい。また、比例代表制のもとで生じやすい連立政権において、連立のパートナーに配慮しなければならないことも、権力の分散性に含めてよい。

しかしこれは、無秩序状態を意味するものではない。分立している強力な機関・制度のあいだに、合意形成・調整のシステムが発達している。政党システムが穏健な多党制であること、州と連邦が相互に立法と執行を相手に依存していることは、合意形成にとって促進的な条件であるといえよう。

2　政党国家

比例代表制選挙や政党への公的資金助成、官僚制や連邦憲法裁判所への浸透をみてもわかるように、政党はドイツの政治のなかで非常に大きな地位を占めている。公営テレビ・ラジオ、連邦・州銀行の長官、自治体公営企業の理事者などの人事においても政党の影響力が大きいといわれ、政党は権力への経路を独占しており、ドイツは「政党国家（Parteienstaat）」だといわれるほどである（ただし、日本でいわれる「政党優位論」と違って、ドイツの場合には「政党」は複数形で用いられる）。この概念は、もともとワイマール時代に、否定的な意味を込めて用いられた。帝政期の官僚国家に代わって登場した政党国家が、社会を破壊的な多元主義に導くものとして批判されたのであった。しかし戦後は、政党間対立が穏やかになったこともあり、議会や政府での意思形成を組織するには政党を欠くことはできないとして、政党国家現象は肯定的に見られるようにもなった（⑩四五六〜七頁）。それだけに、政党の決定に市民や党員の意見が十分反映されることが重要になろう。

政党と行政官僚制との関係をめぐっては、まず戦後政治がベルリンの中央政府が消滅したなかで、政党主導で開始されたことが指摘される。その後、連邦行政機構は専門能力を高めてきたが、連邦制ゆえに中央政府の活動が小さい点、また官僚制が与野党による浸透を受けている点を考えるならば、官僚優位というよりも、政党に配慮しながら官僚が専門性を行使するという関係が生まれているといえよう（⑧三〇五〜三一二頁）。

3　利益集団の政治への参加

利益集団の組織率は国際的に見ても高く、ドイツ産業連盟やドイツ農民連盟、ドイツ雇用者連盟などがある。ただし、労働組合の組織率はクローズドショップ制をとらないこともあって、西欧では中位の三〇％前後である。労組の連合体のうち最大のドイツ労働総同盟（ＤＧＢ）はＳＰＤと協力関係にある。

こうした集団は政治過程に活発に参加し、かつそれが制度化されている。例えば、利益集団は行政各省ごとに置かれた数多くの審議会に代表を送り、また立法過程のなかで意見を述べる権利が認められている。利益集団が政府の政策に参加するシステム、とくに参加が継続的に制度化されかつ参加者の地位が対等であるために互いに協調し譲歩しあえるような協議システムを、コーポラティズムと呼んでいる。ドイツでは、労働者、使用者、政府の三者が賃金、物価、失業、経済成長などを総合的に調整するという典型的なコーポラティズムはあまり発達していないが、個別の政策領域ごとに集団と政府との協議・調整システムが定着している（⑩三二一〜三二六頁）。

4　市民の政治参加

ナチズムが崩壊したあとも、アメリカの研究者はドイツ人に民主主義が根付くかどうか懐疑的であり、世論調査

表4-5　どんな政治参加をする用意があるか
（1988〜90年の調査）

	西ドイツ地域	東ドイツ地域
選挙で投票する	87%	74%
仲間うちや職場で意見を言う	81	84
公開討論集会に参加する	45	49
政党に入って積極的に活動する	18	11
選挙で候補者を手伝う	15	15
市民運動に参加する	41	30
非許可のデモに参加する	8	10
家屋，工場，官庁を占拠する	3	2
デモで衝突を起こす	1	2
人に暴力を行使しても戦う	2	3
政治的な敵を脅迫する	3	1

〔出典〕 ⑬ p. 667.

によっても、「忠実」「服従」といった伝統的・権威主義的価値への支持が強かった。しかし、今日では民主的な政治文化が育っていると考えられている。政党の多元性や思想の自由を支持する人が多くなり、政治システムや政府への支持・信頼も高い（⑬四八二〜三頁）。ちなみに九〇年の調査によれば、公的機関のなかで信頼するとの回答を集めた第一位は連邦憲法裁判所、二位は警察であった（⑧六一〜六七頁）。

他方で、七〇年代以降、原子力発電、核兵器などに反対したり、環境保護を求める市民運動が盛んになり、そのなかから緑の党も生まれた。表4-5のように、暴力に訴える人は少なく、選挙やその他の合法的な手段で政治に参加しようとする意識が強い。ドイツ人が政治参加に積極的である理由としては、国民性（表4-5によれば、抑圧されていた東ドイツ地域でも政治参加の意識は高い）、お金や時間のない一般市民でも議員になりやすい比例代表制選挙、学校での政治に関する教育の重視などが考えられる。

5　政治的課題

まず、雇用・経済政策が争点になってきた。失業率は、一九九三年の七・九％から九八年には一〇・六％（約四一〇万人）にまで増えた。しかも、旧東ドイツ地域では旧西ドイツ地域の二倍近い率に達している（図4-2）。九八

図4－2　州の編成と州ごとの失業率

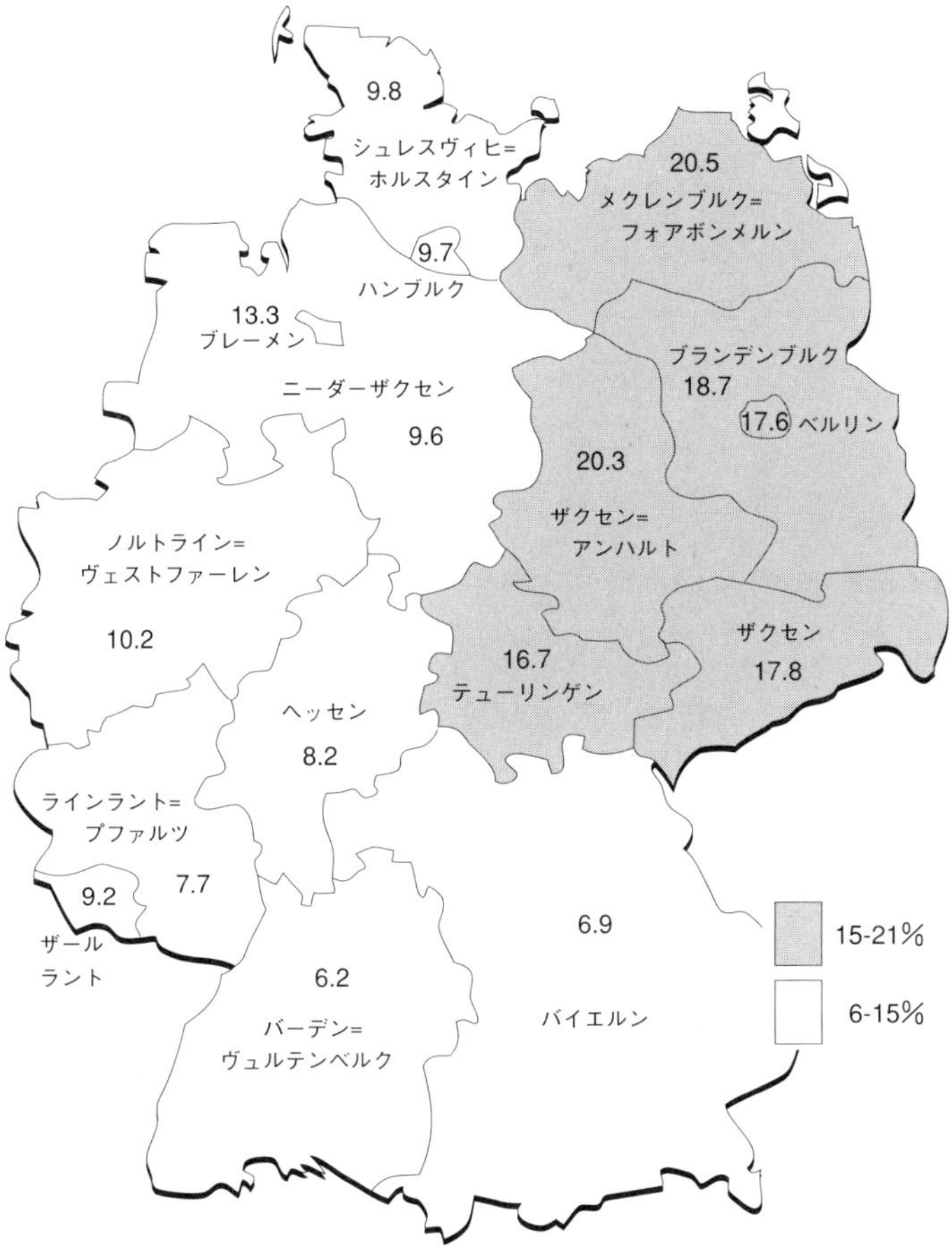

〔注〕 2004年の失業率で，全国平均は10.5%。
〔出典〕 連邦統計局ホームページ（www. destatis. de）

年の選挙では、CDU（保守党）が所得・法人税の減税、労働時間の柔軟化、業績に応じた賃金などの政策を唱えたのに対して、SPD（社民党）は、所得・法人税の減税、労働時間短縮を通じた雇用増、企業の雇用増に対する補助金などを掲げた。

統一後の旧東ドイツ地域を復興させるため、国営企業の民営化・整理とともに、住宅や道路、鉄道の整備が進められてきた。九一年の国会議決（賛成三三七、反対三二〇）に基づいて、首都もボンからベルリンに移転された。こうした歳出増や経済停滞によって、政府財政の累積赤字は二兆マルクに達した（九五年）。政府は特別に「連帯付加税」を法人税や所得税に上乗せする一方、歳出の抑制によって、EU共通通貨への参加に必要な条件である「財政赤字の対GDP比率が三%以下」などの基準を満たそうとした。二〇〇五年のメルケル政権誕生の時の連立協定には、保守党が主張する消費税率引き上げと、社民党が主張する高額所得者への増税がともに盛り込まれた⑰。

ドイツの環境政策の発展は、その堅実な国民性によるところが少なくないが、市民運動や緑の党の進出によっても促された。都市自治体では街の中心部に歩行者専用道路を設け、路面電車などを生かして公共交通網を整備している。九〇年代の保守・中道政権は、企業に回収義務を課す強力なリサイクル制度、フロン使用の禁止、二酸化炭素の排出削減目標、旧東ドイツ地域の環境汚染の回復など、多くの政策を進めた。さらに、九八年に成立した社民・緑の党による政権は、原子力発電の順次廃止を決め、ガソリンなどへの環境税を導入した。

ドイツに住む外国人は七三〇万人で人口の九%を占める（二〇〇四年）。高度経済成長期に募集された外国人労働者とその家族が多く、国別ではトルコ人が最大で、旧ユーゴスラビア、イタリア、ギリシャからの移民がそれに続く。政府は外国人を社会に融合させるための努力を払っているが、外国人に対して極右の排外主義的なグループによる暴力事件も起こってきた。なお、政治的亡命者を保護するという基本法条項を頼りにした外国人の流入は、九三年の基本法改正（一六ａ条）が亡命を求める要件を厳格化したあと、減少に向かった。

外交・軍事政策も争点である。旧西ドイツは一九五五年、ソ連に対抗するための西側軍事同盟であるＮＡＴＯに参加した。日本の場合との違いは、それが多国間の同盟であること、西ドイツが東西対立の最前線に位置していたことである。現在のドイツもＮＡＴＯに加盟し、兵役制度に基づく連邦軍を有している。これはもっぱら防衛のための軍であって（基本法二六条、八七ａ条）、大量破壊兵器は持たない。九〇年代にはドイツ統一と東西冷戦の終わりを受けて、軍の規模が縮小された。他方で連邦軍は、国際部隊の一員として、カンボジアでの国連人道活動、ボスニアでの平和維持活動、アフガニスタンでの治安支援などに派遣されている。

［村上　弘］

【文献】

①大西健夫編『ドイツの政治』早稲田大学出版部、一九九二年
②平島健司『ドイツ現代政治』東京大学出版会、一九九四年
③中木康雄ほか『現代西ヨーロッパ政治史』有斐閣、一九九〇年
④石田勇治『二〇世紀ドイツ史』白水社、二〇〇五年
⑤樋口陽一・吉田善明編『解説世界憲法集』第四版、三省堂、二〇〇一年
⑥H・ヴェーバー『ドイツ民主共和国史』日本経済評論社、一九九一年
⑦仲井斌『現代ドイツの試練』岩波書店、一九九四年
⑧K. v. Beyme, Das politische System der Bundesrepublik Deutschland nach der Vereinigung, Piper, 1993
⑨T. Ellwein, Das Regierungssystem der Bundesrepublik Deutschland, 7. Aufl., Westdeutscher Verlag, 1992
⑩D. Nohren (Hrsg.), Wörterbuch Staat und Politik, Piper, 1991
⑪G. Smith et. al. (eds.), Developments in German Politics, Macmillan, 1992

⑫H. -J. Veen, E. Noell-Neumann (Hrsg.), Wählerverhalten im Wandel, Schöningh, 1991

⑬U. Andersen / W. Woyke (Hrsg.), Handwörterbuch des politischen Systems der Bundesrepublik Deutschland, Leske + Budrich, 2. Aufl., 1995

⑭Der Spiegel, Nr. 35, 1998

⑮ドイツ連邦共和国外務省『ドイツの実情』（日本語）www. tatsachen-ueber-deutschland. de

⑯ドイツ連邦政府（ドイツ語、英語）www. bundesregierung. de

⑰毎日新聞二〇〇五年一一月一九日およびFrankfurter Allgemeine Zeitung 2005. 11. 21（いずれもインターネット）

⑱W・イェーガーほか『ドイツの歴史　現代史—ドイツ高校歴史教科書』明石書店、二〇〇六年

第5章　イタリアの政治制度

1　政治制度の歴史的概観

1　イタリア近代国家の成立

イタリア共和国は、人口約五七五〇万人（二〇〇五年現在）、面積約三〇万平方キロメートル、民族構成はほとんどがイタリア人であるが、国境地帯に少数民族としてドイツ系、フランス系、スラヴ系がいる。

イタリアにおける近代国家、いわゆる「国民国家」の形成（「イタリアの統一」）は、一八六一年である。この「イタリアの統一」は一八四八年のヨーロッパの諸革命の一構成部分としてのイタリア各地での民衆蜂起、オーストリアに対するサルデーニャ王国主導の二度の独立戦争、ガリバルディのシチリア遠征とそれによるブルボン支配の一掃を通じて達成されたが、それは北部のサルデーニャ王国の支配領土の拡大という形で実現した。しかし、サルデーニャ国王ヴィットリオ・エマヌエレ二世をイタリア国王に推戴したのは、一八六一年に選挙されたイタリア議会であり、この点でドイツや日本と異なっている。首都は最初はトリノ、ついでフィレンツェであった。

建国時に未回復領土として残ったヴェネトとローマについては、ヴェネトが一八六六年の普墺戦争への参戦によって、ローマが一八七〇年の普仏戦争でのフランスの敗戦を機に併合され、七一年に首都がローマに移された。この時に領土と特権を奪われたカトリック教会はイタリア国家と対決する立場をとり、カトリック教徒の政治参加を認めなかった。この結果、誕生したばかりのイタリア国家は、憲法でカトリックを国教にしているにもかかわらず、教会や教徒から正統性を否認され、国民統合にとって大きな困難に直面した。

このように、イタリアの近代国家形成は、下からの民衆運動を部分的に持ちながらも、市民革命によって実現したのではなかった。イタリア王国の憲法は、一八四八年のサルデーニャ王国憲法がそのまま適用された。この憲法は欽定憲法であったが、四八年革命の中で制定されたがゆえに、自由主義的な側面を持っていた。立憲君主制で、王権は広範であったが、国王の任命する元老院と国民の選挙による代議院の二院制の下で、議会制民主主義と議院内閣制を発展させていった。その後、結社の自由も認められ、社会主義政党も合法的に活動できた。当初、選挙は制限選挙制で、有権者は人口のわずか二%（約六〇万人）であったが、一八八二年と一九一二年の選挙法改正で事実上の男子普通選挙権が実現された。一九一九年に選挙権の年齢は二一歳に引き下げられ、比例代表制が実施された。

このようにイタリアでは、第一次世界大戦までに政治的民主化と自由主義的改革が進んでいたが、戦後危機の中でファシズムが台頭し、一九二二年のローマ進軍によってムッソリーニ政権が成立した。以後、ファシズム独裁へと突き進んでいく。一九四〇年六月には枢軸同盟の下でドイツ側に加わって第二次世界大戦に参戦した。

2　反ファシズム・レジスタンスとイタリアの解放

ファシズム体制は連合軍の進撃とレジスタンスによって崩壊した。四三年七月、連合軍のシチリア上陸と労働者のストライキの拡大に直面して、宮廷勢力・財界・軍などの支配層内部の休戦派がムッソリーニを解任、逮捕し、バドリオ将軍が国王によって首相に任命された。バドリオ政府は連合国に無条件降伏し、休戦協定を結んだ。しかし、連合軍の進撃が停滞し、南部は連合軍の占領下に、中北部はナチス・ドイツの占領下にある状態が続いた。南部にバドリオ政府、北部にナチスの傀儡となったムッソリーニのイタリア社会共和国政府、そして、各地に反ナチス・反ファシズムのレジスタンスに参加した諸政党の組織である国民解放委員会という「三つの政府」が存在することになった。また、四三年一〇月にはイタリアはドイツに宣戦布告し、連合国の共同参戦国になった。この反ファシズム戦争の過程で国民解放委員会は、名実ともに国民の正統な代表としての地位を獲得した。連合軍の進撃に呼応して、四五年四月二五日に北部諸都市のレジスタンス組織が一斉蜂起し、イタリアは解放された。ムッソリーニはレジスタンス勢力によって逮捕され、処刑された。

2　イタリア共和国の政治制度とその機能

1　共和制の樹立と憲法の制定

一九四六年六月に、憲法制定国民議会選挙と同時に、君主制か共和制かの政体を決める国民投票が実施され、五四・三%対四五・七%、約二〇〇万票の差で共和制が決定された。

共和国憲法は制憲議会で約一年半審議され、レジスタンスを担った勢力、とりわけ共産党・社会党・キリスト教民主党（DC）の協調と妥協の結果、四七年一二月に制定され、四八年一月一日から施行された。その最大の特徴は、反ファシズム民主主義を基調にした社会主義思想とキリスト教民主主義の合流にある。しかし、冷戦構造が形成されていく中で国内の左右の対立が激化し、キリスト教民主党を中心とする保守政権は、憲法に明記されていた重要な新しい制度の実現を「凍結」した。そして、憲法裁判所は五六年、経済労働国民会議は五七年、最高司法会議は五八年、州制度と国民投票制度は七〇年になってようやく実現した。

その後、統治構造に関する小幅な憲法改正が行われてきたが、二〇〇一年に第二部第五章の国と地方との関係の根本的改革を行い、分権化を進めた。二〇〇五年一一月には後述のような大幅な改憲案が議会で承認され、二〇〇六年中に国民投票が予定されている。

2　政治制度の特徴

憲法の基本原理と特徴　第一の特徴は、人民主権論と「社会国家」論に立っていることである。憲法の第一条で「イタリアは労働に基礎を置く民主的共和国である。主権は人民に属する。」と宣言し、その具体的制度化として、労働の権利の保障、五万人の有権者による法律の発案権や五〇万人の有権者（または五つの州議会）の要求による法律の廃止に関する国民投票制度がある。

第二の特徴は、他国民の自由への攻撃、国際紛争解決の手段としての戦争の放棄と、国際平和保障機構への主権の譲渡を規定していることである。

第三に、「一にして不可分な共和国」（第五条）とされ、行政的分権を原理としていたが、現在は連邦制に向けて改革をすすめている。国家組織は上下両院の国会、大統領、政府、司法機関、州・県・大都市・コムーネ、憲法裁判所から構成されている。

第四は、ファシズムの経験から権力の集中とくに行政権の優位を排し、議会優位の三権分立制度を採っていることである。第五は、行政府は議院内閣制であるが、国家元首としての大統領が存在し、議会・首相・大統領の均衡を図る工夫をしている。

市民権規程の特徴　近代的基本権である人身、財産、思想、宗教、表現、結社、芸術と科学およびその教授などの自由が規定されている。個人の不可侵性も明示されている。さらに、市民の自由と平等の実現、人間の完全な発展と国の政治的・経済的・社会的組織への労働者の参加の障害の除去を国家の任務と定めていることは、イタリア憲法の特徴である。

先に述べたように、イタリア憲法の特徴は反ファシズム民主主義を基盤にした社会主義思想とキリスト教民主主義の合流と妥協にある。それゆえ、きわめてカトリック的な特徴もある。宗教の自由と「すべての宗教各派の法の前の平等」の規定にもかかわらず、一九二九年のラテラノ条約を国家とカトリック教会の関係を定めるものとして受け入れたので、カトリックは事実上、国教であり、結婚・離婚に関する教会の決定権も認められていた。一九八四年に新政教条約が締結され、近代的な意味での政治と教会の分離が進んだ。また、家族を重視し、「婚姻に基づく自然的な結合体としての家族の諸権利」「共和国は家族の形成とその責務の遂行を助ける」と規定している。

他方、健康や労働の保護の規定は現代憲法の特徴であり、結社の自由一般だけでなく、政党を結成する権利や政治的迫害を受けた外国人の庇護の規定はファシズムの経験を踏まえたものである。憲法の補則一二条の「解散されたファシスト党の再建はいかなる形式においても禁止される」という規定、補則一三条のサヴォイ王家の子孫の公職禁止とその男子孫のイタリア入国禁止もそうである。これらの補則については近年、廃止論が右派勢力側から展開され、二〇〇二年の憲法改正で補則一三条のこの部分は削除された。

また、言語少数者の保護を規定し、国会議員の選出や州制度についても特別な措置が講じられている。

3　議会の機構と機能

議会の機能　国会は相違がなく完全に同権な二院制であり、任期五年の上下両院で構成されている。上院の定数は三一五で、州を基礎として選出される。これ以外に終身の上院議員として、元大統領、および大統領によって任命される学術分野で特に功績のある者（五名以内）がいる。下院の定数は六三〇人である。

議会の第一の機能は立法であるが、内閣の信任を通じての政府形成の機能がある。その他に、戦争状態の決定、大赦・減刑の法律の制定、条約の批准、予算および決算の承認、政府と行政機構の調査、大統領の選出などの権限を有する。

議会の会期は、選挙後二〇日以内に集会すること、毎年二月・一〇月の休日でない最初の日に集会すると憲法に規定されているだけで、期間の定めはなく、実際には通年的に開かれている。法案の発議権は、政府、両院議員、経済労働国民会議、五万人の有権者に認められている。法案は両院のどちらに提出してもよい。法案は委員会でまず審議され、その後その院で審議される。委員会は常任委員会と特別委員会があり、常任委員会は各省にほぼ対応して各院に一四設置されている。常任委員会は法案の審査機関・起草機関であり、同時に最終的な決定権を持つ立法機関でもある。事前に委員会の全会派の賛成または委員の五分の四の賛成、さらに政府の同意があれば、委員会審議だけで法律を制定できる。ただし、憲法改正、選挙法、条約の批准、予算と決算の議決は通常の手続きが必要である。法律は大統領の審署後に公布される。大統領は理由を付した教書を両議院に送り、再議を求めることができるが、両院が再びその法律を可決すれば、それに審署しなければならない。また、大統領は両院議長の意見を聞いて、両院または一院を解散できる。これまで実際には、大統領が議長および与野党代表と協議の上での内閣の主導による解散が多く、常に、両院同時の解散であった。

立法活動の実際と問題点　イタリアの議会は毎年非常に多くの法律を制定しており、六〇年代から七〇年代には英仏などの二～三倍に達していた。それらの法律の大部分は、その対象がきわめて限定的な階層や地域にのみ関係するもので、政府も議員もそれぞれ限定的な選挙民の利益と便宜のために活動していたのである。逆に、重要な改革は着手されず、議会の機能不全と政府の統治能力の危機が出現してくる。七〇年代後半以後、ＤＣが選挙で後退し連立政権の基盤が弱まり、また、与党内部の対立が激化するなかで、政府は議会での合意形成を放棄し、強行的に政策を遂行するための手段として暫定措置令を乱発するようになった。しかし、それは、議会と政府の危機をいっそう深化させていった。この結果、八〇年代後半以後、制度改革が本格的な問題となり、九〇年代には二院制のあり方をはじめとする統治構造の抜本的改革のため、憲法第二部「共和国の組織」の全面改正を目標に、改正草案の起草権をもつ両院合同委員会が二度設置されたが、二度とも失敗に終った。

国民投票制度とその機能　イタリアの政治過程と立法過程で重要な役割を果たしてきたのは、法律の廃止の国民投票制度である。立法作用における国民の積極的な参加が現代民主主義には必要であるという認識に基づいて、国民投票制度が導入された。五〇万人の有権者または五つの州議会に、法律の全部ないし一部の廃止を求める国民投票を提起する権利が憲法で認められている。国民投票は租税、予算、大赦または減刑、国際条約の批准の承認については認められていない。国民投票は全有権者の過半数の投票で有効となり、その過半数の賛否で決定される。実際の制度化は憲法制定から二二年も経た一九七〇年のことであり、それは離婚法の成立と交換に、その廃止を可能にする手段をカトリック教会など離婚法反対勢力に与えるという妥協の産物としてであった。

しかし、国民投票制度は議会と政府の機能不全のなかで大きな政治的役割を果たした。七四年から二〇〇五年までに一五回、五九の法律について実施され（しばしば、一度に数項目実施される）、このうち二〇の法律条文の廃止が賛成多数で成立した。国民投票の内容は、七〇・八〇年代は離婚法、妊娠中絶、治安関係、賃金の物価スライド制、原子力発電所などカトリックと世俗化問題、環境問題などが中心であった。九〇年代初めには選挙制度改革や政党への国庫補助の廃止、分権化などの制度改革の投票が成立し、改革を推進する決定的な力となった。九五年にはＲＡＩ（国営放送）民営化やテレビ局の寡占的支配、労働組合の代表の自由化、商店の営業時間の自由化など一二項目が同時に実施され、五項目が賛成多数で成立した。九七年から二〇〇五年までに五回（二二項目）実施されたが、全て投票率が有権者の過半数に達せず、無効となった。

4　中央行政

行政においては大統領と首相の両方が存在している。国家元首である大統領の政治的な権限は小さく形式的な面が多いが、ある程度の指導性を発揮できる面も持っている。大統領は国会議員の合同会議において、各州から三名の代表を加えた会議で選出される。五〇歳以上の市民に被選挙権があり、任期は七年である。大統領の臨時代理は上院議長が務める。その職務は、外交使節の信任・接受、官吏の任命、栄転の授与などの形式的な機能のほかに、法律の再議の要請、両議院への教書の送付、軍の指揮権と最高国防会議および最高司法会議の主宰、首相の任命、両院議長の意見を聞いての国会解散など実質性を持つ機能もある。首相の任命は、ＤＣの一党優位の連立政権時代は大統領が各政党指導者の意見を聞き、有力政治家に組閣を依頼する形で行われたが、九〇年代後半以後の左右二大陣営形成後は選挙で多数を獲得した陣営の代表が任命されている。

中央政府は大統領が任命する首相と大臣から構成され、大臣は首相の推薦に基づいて任命される。首相には大臣の罷免権はない。制憲議会では強力な行政権への反対が強く、首相の権限は他国の議院内閣制と比べて弱いものになった。首相は「政府の一般政策を指揮し、その責任を負う。」（憲法九五条）とされているが、指揮権を発揮するための実際の権限や制度的保障はなく、その正式名称「閣僚会議議長」が示すように、同輩中の主席に過ぎない。それゆえ、制度・憲法改革の議論では首相の権限強化が課題とされてきた。

省庁の数は一時は二〇以上あったが行政改革によって整理統合され、現在、外務、内務、司法、経済・財務、生産活動、教育・大学・研究、労働・社会政策、国防、農林政策、環境・国土保全、社会資本・交通、福祉、文化財、通信の一四省である。他に、それぞれの内閣で州問題、制度改革・分権化、EU、機会均等、政府綱領実施、議会関係等一〇人程度の担当相を設けている。「行政権限のジャングル」や断片化・非効率の改革が課題となっている。

5　司法制度

司法機関としては、通常裁判所、国務院などの行政裁判所、会計検査院、軍事裁判所の四種類がある。通常裁判所は、地方裁判所、控訴院、破棄院の三審制である。重罪刑事事件を管轄する特別部として重罪地方裁判所、重罪控訴院があり、これらは市民裁判官も参加する参審制である。

二〇〇四年の「司法改革」までは以下のような制度であった。裁判官と検察官は「司法官」という単一の法的地位と独立した秩序を形成しており、大統領主宰の最高司法会議が司法官の任命・昇進などを決定する。この会議の選出構成員は三〇人で、三分の二が通常司法官により各司法部門に属する者の中から選挙され、三分の一は国会の合同会議により大学の法律学の正教授と一五年の職歴のある弁護士の中から選出される。破棄院第一部部長と破棄院検察長官もこの構成員である。この制度は司法を行政の支配下に置くのではなく、司法官の自律的秩序と国会の意思を組み合わせた制度である。司法官は身分保障があり、罷免されない。実際には、DCの長期政権下で司法官の政治的任命が一部で進み、司法官による議員の言論抑圧や政治家・マフィアとの癒着も生じた。他方では、司法官の団体の活動やストライキなどによって実現した司法官の独立性を促進する制度改革を背景に、八〇年代から九〇年代にマフィアとの闘争や汚職摘発で司法官が活躍した。司法官と政治家との対立は近年激化し、司法の独立性が政治的争点になっている。ベルルスコーニ内閣は最高司法会議の選出構成員数を二四人に削減すると共に、司法官による選出方法を司法官の職務別の直接投票に変更した。また、司法組織法を改変し、裁判官と検察官の職務の分離、司法官の昇進への評価制度の導入、司法官の行動の統制強化、検察官の階層化、司法官養成制度の変更など、司法官の独立性を弱める「改革」を推進してきた。

憲法裁判所は、国と州の法律の違憲審査、国の諸機関・国と州および州間の権限争議、大統領の弾劾、国民投票の請求の適合性審査を行う。憲法裁判所は一五人の裁判官で構成され、三分の一が大統領により、三分の一が国会の合同会議により、三分の一が通常および行政の最高司法機関により、通常および行政の上級裁判機関の司法官、大学の法律学の正教授、二〇年以上の職歴のある弁護士の中から選任される。任期は九年で再任はない。憲法裁判所の裁判官が内閣の指名でないことは特徴的である。

6　地方制度——行政的分権から連邦制へ

地方自治体は州・県・コムーネ（市町村）の三層制であるが、一九九〇年の改革でローマやミラノなど九つの大都市（città metropolitane）が県に代位するものとして設置された。州は二〇あり、シチリア、サルデーニャ、トレンティーノ・アルト・アディジェ、ヴァレ・ダオスタ、フリウリ・ヴェネツィア・ジュリアの五州が文化的、言語的、民族的、地理的要因から特別の自治権と財政権の付与、財政補助がなされる特別州であり、他は普通州である。特別州は憲法施行後すぐに実施されたが（フリウリ・ヴェネツィア・ジュリアは六三年）、普通州は七〇年に初めて州議会選挙が実施され、七五年の地方分権法によってようやく発足した。特別州を除き、普通州の自治権は制限されていた。地方警察・都市計画・観光・職業教育、保健、交通、農林業などに関して立法権と行政権を持っていたが、全ての州法に国の承認が必要であった。県とコムーネは自治権の憲法的保障を欠いた限定的な性格の自治体であり、分権的区域と位置づけられ、国による監督があった。州・県・コムーネの財源面の自立性も弱く、中央政府依存の制度であった。

このように戦後体制では行政的分権制度であったが、九〇年代の分権改革と二〇〇一年の憲法改正により中央集権的国家体制を変革し、地方自治権の確立と「緩やかな連邦制」へ大きく転換した。この憲法改正の要点は、①州に限定されていた自治権を県・大都市とコムーネに拡大　②州が国と並ぶ立法権の行使主体として確認され、憲法に列挙された国の排他的立法権事項（外交、国防、庇護権、移民、通貨など）を除き基本的に州に立法権が属するとされ、広範な立法権を州に保障　③行政権限の配分原理を根本的に転換し、地方行政をコムーネに第一義的に帰属させ、コムーネから国レベルまで補完性原理に基づいて配分　④コムーネ、県・大都市、州の財政自治権と「財政連邦主義」原則の確認である。

県は一〇九あるが（新設の三県は二〇〇九年発足予定）、コムーネの発議に基づく新県の設置が憲法で認められている。近年、ミラノやフィレンツェなどの大規模な県から分離して適正な自治の範囲を求める動きが進み、分県によって県の数が増加している。コムーネは約八一〇〇あり、一九五〇年と比べて約三〇〇増加している。コムーネの権限は新設制度の「大都市」を除いて、人口規模に関係なく同等・一律である。人口五〇万人以上のコムーネはローマ、ミラノ、ナポリ、トリノ、パレルモ、ジェノヴァの六つで、五千人以下の小規模コムーネ数は約五八〇〇で約七二%を占める。住民の自治と生活単位としてのコムーネが重視され、小規模コムーネや山岳指定コムーネ（一部指定も含め約四二〇〇）の維持・振興のために、自治体連合や県・州による行政の補完が行われている。

分権改革によって財政面でも自主財源比率が上がり、コムーネで6割以上、県で3割以上、州で5割以上になり、二〇〇一年には普通州への交付金制度が廃止された。しかし、州間での実際の行政能力の差は大きい。

地方自治体の選挙制度は、八〇年代まではどのレベルでも比例代表制による議会選挙および議員の互選による首長と参事会（執行部）の選出という方式であった。しかし、国会議員の選挙制度改革と並行した九〇年代の一連の地方選挙制度改革によって、自治体執行部の行政能力の向上と責任体制の形成、議会との機能分離を目的に、コムーネ・県・州の首長の直接選挙、安定与党形成のための議会選挙におけるプレミアム制が導入された。

3 政党制と選挙

1 選挙制度と選挙結果

二〇〇五年現在では上院の選挙権は二五歳以上、被選挙権は四〇歳以上、下院の選挙権は一八歳以上、被選挙権は二五歳以上の男女が持っており、投票は市民の義務である。投票権の行使を保障するために、かつては外国への出稼者と国内の移住者に対して政府が旅費（七〇%）を支給していた。二〇〇一年に憲法が改正され、在外選挙区

表5-1　戦後イタリアの下院選挙結果（1948―1987年）

政党	1946[1]		1948		1953		1958		1963		1968		1972		1976		1979		1983		1987	
	得票率	議席数	得票率	議席数	得票率	議席数	得票率	議席数	得票率	議席数	得票率	議席数	得票率	議席数	得票率	議席数	得票率	議席数	得票率	議席数	得票率	議席数
共産党	18.9	104	31.0[2]	183	22.6	143	22.7	140	25.3	166	26.9	177	27.1	179	34.4	227	30.4	201	29.9	198	26.6	177
プロレタリア統一社会党	20.7	115			—	—	—	—	—	—	4.4	23	1.9	0	1.5[7]	6	1.4	6	1.5	7	1.7	8
社会党	—	—	—	—	12.7	75	14.2	84	13.8	87	14.5[5]	91	9.6	61	9.6	57	9.8	62	11.4	73	14.3	94
社会民主党	—	—	7.1[3]	33	4.5	19	4.6	22	6.1	33	—	—	5.1	29	3.4	15	3.8	20	4.1	23	2.9	17
緑の党	—	—	—	—	—	—	—	—	—	—	—	—	—	—	—	—	—	—	—	—	2.5	13
急進党	—	—	—	—	—	—	—	—	—	—	—	—	—	—	1.1	4	3.5	18	2.2	11	2.6	13
共和党	4.4	23	2.5	9	1.6	5	1.4	6	1.4	6	2.0	9	2.9	15	3.1	14	3.0	16	5.1	29	3.7	21
キリスト教民主党	35.2	207	48.5	305	40.1	263	42.3	273	38.3	260	39.1	266	38.7	266	38.7	263	38.3	262	32.9	225	34.3	234
自由党	6.8	41	3.8	19	3.0	13	3.5	17	7.0	39	5.8	31	3.9	20	1.3	5	1.9	9	2.9	16	2.1	11
王党	2.8	16	2.8	14	6.9	40	4.8[4]	25	1.7	8	1.3	6	—	—	—	—	—	—	—	—	—	—
イタリア社会運動	—	—	2.0	6	5.8	29	4.8	24	5.1	27	4.5	24	8.7[6]	56	6.1	35	5.3	30	8.8	42	5.9	35
凡人党	5.3	30	—	—	—	—	—	—	—	—	—	—	—	—	—	—	—	—	—	—	—	—
その他	5.9	20	2.3	6	2.8	3	1.7	5	1.3	4	1.5	3	2.1	4	0.8	4	2.6	6	1.2	6	3.4	7
計	100	556	100	575	100	590	100	596	100	630	100	630	100	630	100	630	100	630	100	630	100	630
投票率	89.1		92.2		93.8		93.8		92.9		92.8		93.2		93.4		90.6		89.0		88.9	

〔注〕 (1) 制憲議会選挙　(2) 共産党と社会党は民主人民戦線を結成した。(3) 1948年当時は社会主義統一党　(4) 人民王党と国民王党の合計　(5) 社会党と社会民主党が合同して，統一社会党を結成　(6) この年以降，選挙リストとしてはイタリア社会運動―国民右翼　(7) 76，83，87年はプロレタリア民主党，79年はプロレタリア統一党

下院選挙結果（1992-2001年）

比例区得票率・議席

1996			2001		
政党（選挙リスト名）	得票率	総議席	政党（選挙リスト名）	得票率	総議席
共産主義再建党	8.5	35	共産主義再建党	5.0	11
			イタリア共産主義者党	1.7	8
左翼民主党	21.0		左翼民主派	16.6	135
—	—		マルゲリータ（人民党, RI, D, UDEUR）	14.5	81
緑の党	2.5		ひまわり（SDI, 緑, SVP）	2.2	17
(4)			「新しい国」*	0.1	
			オリーブの木　計	35.0	247**
ディーニ派	4.3		ヨーロッパ民主主義	2.4	0
			ディ＝ピエトロ・リスト	3.9	0
プローディ・人民党連合	6.8		パンネッラ－ボノーミ	2.2	0
オリーブの木　計	43.1	284	その他	1.4	4
キリスト教民主センター 民主キリスト教連合 (5)	5.8				
フォルツァ・イタリア	20.5		フォルツァ・イタリア	29.4	193
国民同盟	15.6		国民同盟	12.0	99
自由のための極　計	41.9	246			
三色の炎	0.9	0	白い花（CCD-CDU）	3.2	41
北部同盟	10.0	59	北部同盟	3.9	30
—	—	—	新社会党	1.0	3
			「控除廃止」*	0.1	
パンネッラ・リスト	1.8	0	自由の家　計	49.6	368**
			三色の炎	0.4	0
その他	2.3	6			
計	100	630		100	630
	82.9			81.4	

成。獲得議席４。

形成（獲得議席137），他に国民同盟単独で１。(4)　小選挙区で「オリーブの木」「進歩派1996」等の連合を形成（獲得議

にも属さない独立議員がいるので，政党合計と一致しない。

＝南チロル人民党　CCD＝キリスト教民主センター／CDU＝キリスト教民主連合

表5-2　戦後イタリアの

1992			1994			
政党(選挙リスト名)	得票率	議席		政党(選挙リスト名)	得票率	総議席
共産主義再建党	5.6	35	(1)	共産主義再建党	6.1	40
左翼民主党	16.1	107	(1)	左翼民主党	20.3	115
レーテ・民主主義運動	1.9	12	(1)	レーテ	1.9	9
緑 の 党	2.8	16	(1)	緑 の 党	2.7	11
社会民主党(Psdi)	2.7	16	(1)	社会民主主義	0.5	0
社 会 党	13.6	92	(1)	社 会 党	2.2	15
共 和 党	4.4	27	(1)	民主同盟	1.1	17
キリスト教民主党	29.7	206	(1)	キリスト教社会運動	—	6
				左翼連合　計	34.8	213
			(2)	セーニ・グループ	4.6	13
			(2)	イタリア人民党	11.0	33
南チロル人民党	0.5	3		南チロル人民党	0.6	0
			(3)	キリスト教民主センター	—	32
			(3)	フォルツァ・イタリア	21.0	101
イタリア社会運動	5.4	34	(3)	国民同盟	13.5	105
ロンバルディア同盟	8.6	55	(3)	北部同盟	8.3	118
自 由 党	2.9	17	(3)	中道連合	—	4
				右翼連合　計	42.9	360
パンネッラ・リスト	1.2	7		パンネッラ・リスト	3.5	0
そ の 他	4.6	3		そ の 他	2.7	0
計	100	630		計	100	630
投 票 率	87.2				86.1	

〔注〕 (1) 小選挙区で連合リスト「進歩派」を形成。獲得議席164。(2) 小選挙区では「イタリアのための協定」を形
(3) 小選挙区ではフォルツァ・イタリアが北部同盟と「善政の極」(獲得議席164), 国民同盟と「自由の極」を
席246)。(5) 小選挙区で「自由のための極」を形成(獲得議席169)。
＊は比例区の票から小選挙区の得票の控除を避けるための偽装名簿　＊＊オリーブの木と自由の家にはどの政党
RI＝イタリアの刷新／D＝民主主義派／UDEUR＝ヨーロッパ民主連合　SDI＝イタリア社会民主主義派／SVP
〔出典〕 ⑤145頁を一部修正・加筆。

が設けられた。近年の投票率は低下傾向にある。

選挙制度は戦後の制憲議会選挙から九二年までは上下両院とも実質的に比例代表制であった。制憲議会の当初の草案に比例代表制が明記されていたほど当然視されていた。その理由は、レジスタンス時代と同様に、戦後のイタリアの再建にとっても反ファシズム勢力の協働が不可欠であること、多様な政治潮流が存在するイタリアでは、それを正確に国会の議席に反映させ、諸勢力の協同で民主主義的改革を実現する必要があり、それには比例代表制が最も適合すると考えられたからである。下院の選挙結果は表5-1と5-2に、政権と政権政党は表5-3に示してある。

表からわかるように、イタリアでは七から八の政党が与党あるいは野党として重要な役割を果たし、また左右に共産党とDCという二大政党を擁してきた。このようなイタリアの政党制は「分極的多党制」（サルトーリ）とか「求心的多党制」（ファルネーティ）「不完全な二党制」（ガッリ）「一党優位性」（タロー）とか評されてきた。その特徴は、第一に政党間のイデオロギー的分裂と距離の大きさ、第二に第一党で万年与党のDCを軸とする連立政権、第三に第二党の共産党の政権からの排除であり、九四年までG7諸国の中では日本とともに政権交代が一度もなかった。その結果、イタリアの政・財・官の癒着は途方もなく深化した。政党が公共・民間部門を支配し、それを利権配分の対象とし、それに寄生する「政党支配国家」を生み出した。連立政権への参加政党の拡大は、利権資源と参加者の拡大にすぎなかった。

このような中で、八〇年代にはヨーロッパ統合の進展への対応、巨大な財政赤字の削減、政治権力とマフィアとの癒着の解消、公正で効率的な政府と行政のための制度改革が焦眉の課題となった。その方策として、選挙制度の小選挙区制への転換運動が展開された。市民改革派やDC改革派、左翼政党など広範な勢力が制度改革の第一歩として小選挙区中心の選挙制度への変更に賛成した（DCや社会党など与党は反対）。九三年四月の国民投票の結果を受

表5-3　歴代首相と政権政党

期　間	首　相	政権政党(下線は首相の所属する政党)
1945. 6-45.11	パルリ	DC／PCI／PSI／PLI／行動党／労働民主党
45.12-46. 7	デ・ガスペリ	DC／PCI／PSI／PLI／行動党／労働民主党
46. 7-47. 1	デ・ガスペリ	DC／PCI／PSI／PLI
47. 2-47. 5	デ・ガスペリ	DC／PCI／PSI
47. 5-48. 5	デ・ガスペリ	DC／PLI／勤労者社会党／PRI
48. 5-50. 1	デ・ガスペリ	DC／PLI／勤労者社会党／PRI
50. 1-51. 7	デ・ガスペリ	DC／勤労者社会党／PRI
51. 7-53. 6	デ・ガスペリ	DC／PRI
53. 7-53. 7	デ・ガスペリ	DC
53. 8-54. 1	ペルラ	DC
54. 1-54. 1	ファンファーニ	DC
54. 2-55. 6	シェルバ	DC／PSDI／PLI
55. 7-57. 5	セーニ	DC／PSDI／PLI
57. 5-58. 6	ゾーリ	DC
58. 7-59. 1	ファンファーニ	DC／PSDI
59. 2-60. 2	セーニ	DC
60. 3-60. 7	タンブローニ	DC
60. 7-62. 2	ファンファーニ	DC
62. 2-63. 5	ファンファーニ	DC／PSDI／PRI
63. 6-63.11	レオーネ	DC
63.12-64. 6	モーロ	DC／PSI／PSDI／PRI
64. 7-66. 1	モーロ	DC／PSI／PSDI／PRI
66. 2-68. 6	モーロ	DC／PSI／PSDI／PRI
68. 6-68.11	レオーネ	DC
68.12-69. 7	ルモール	DC／PSU／PRI
69. 8-70. 2	ルモール	DC
70. 3-70. 7	ルモール	DC／PSI／PSDI／PRI
70. 8-72. 1	コロンボ	DC／PSI／PSDI／PRI
72. 2-72. 2	アンドレオッティ	
72. 2-73. 6	アンドレオッティ	DC／PSDI／PLI
73. 7-74. 3	ルモール	DC／PSI／PSDI／PRI
74. 3-74.10	ルモール	DC／PSI／PSDI
74.11-76. 1	モーロ	DC／PRI
76. 2-76. 4	モーロ	DC
76. 7-78. 1	アンドレオッティ	DC
78. 3-79. 1	アンドレオッティ	DC
79. 3-79. 3	アンドレオッティ	DC／PSDI／PRI
79. 8-80. 4	コシーガ	DC／PSDI／PLI
80. 4-80. 9	コシーガ	DC／PSI／PRI
80.10-81. 5	フォルラーニ	DC／PSI／PSDI／PRI
81. 6-82. 8	スパドリーニ	DC／PSI／PSDI／PRI／PLI
82. 8-82.11	スパドリーニ	DC／PSI／PSDI／PRI／PLI
82.12-83. 4	ファンファーニ	DC／PSI／PSDI／PLI
83. 8-86. 6	クラクシ	DC／PSI／PSDI／PRI／PLI
86. 8-87. 4	クラクシ	DC／PSI／PSDI／PRI／PLI
87. 4-87. 7	ファンファーニ	DC
87. 7-88. 4	ゴリア	DC／PSI／PSDI／PRI／PLI
88. 4-89. 5	デミータ	DC／PSI／PSDI／PRI／PLI
89. 7-91. 3	アンドレオッティ	DC／PSI／PSDI／PRI／PLI
91. 4-92. 4	アンドレオッティ	DC／PSI／PSDI／PLI
92. 6-93. 4	アマート	DC／PSI／PSDI／PLI
93. 4-94. 4	チャンピ（無所属）	DC／PSI／PSDI／PLI
94. 5-94.12	ベルルスコーニ	FI／北部同盟／AN／CCD／UC
95. 1-96. 4	ディーニ（無所属）	北部同盟／PDS／人民党
96. 5-98.10	プローディ	PDS／プローディ・グループ／人民党／緑の党／ディーニ・リスト
98.10-99.12	ダレーマ	DS／人民党／UDR／PDCI／RI／緑の党
99.12-00. 4	ダレーマ	DS／人民党／UDR／PDCI／RI／緑
00. 4-01. 6	アマート	DS／人民党／RI／緑／PDCI／UDEUR
01. 6-05. 4	ベルルスコーニ	FI／AN／LN／CCD・CDU／NPSI
05. 4-06. 4	ベルルスコーニ	FI／AN／LN／CCD・CDU／NPSI

〔注〕 DC＝キリスト教民主党／PSI＝社会党／PSDI＝社会民主党／PRI＝共和党
PLI＝自由党／PSU＝統一社会党（PSI＋PSDI）／F＝フォルツァ・イタリア
AN＝国民同盟／CCD＝キリスト教民主センター／UC＝中道連合
PDS＝左翼民主党／PRC＝共産主義再建党／DS＝左翼民主派
PDCI＝イタリア共産主義者党／UDR＝共和国民主連合
RI＝イタリアの刷新／UDEUR＝ヨーロッパ民主連合／NPSI＝新社会党／CDU＝キリスト教民主連合

〔出典〕 ⑩83-84頁を修正・加筆。

けて、九三年八月に小選挙区・比例代表並立制に変更した。旧来の制度への批判点は、政権交代の不在、比例代表制による極端な多党化、安定与党（連合）と安定政権の不在、政策の一致を欠いた利権配分のための選挙後の与党形成等であった。つまり、この選挙制度改革は、多党制の下で政党連合の形成を促進し、選挙が政党の選択だけでなく政権の選択となるようにし、政権交代のある民主主義を実現すること、その結果として、政府と議会の機能不全の打開を目指したものであった。

2　一九九三年の新選挙制度

新選挙制度は小選挙区制優位の比例代表制との混合型である。その概要は次の通りである。上院（定数三一五）はヴァッレ・ダオスタ州（一名）とモリーゼ州（二名）を例外に、人口に応じて各州に配分された議席数の四分の三が小選挙区（全国で二三二）、四分の一（八三）が州を単位とする比例代表制で選出される（在外選挙区は六名）。投票方式は一票制で、小選挙区への投票が候補者が属する政党の比例区での投票になる。比例区名簿は別に作成されず、小選挙区の候補者がそのまま比例区の候補者になる。立候補できるのは一選挙区だけである。比例区での議席配分における阻止条項はない。比例区での議席配分では小選挙区の当選者の得票数を各政党リストの得票総数から控除した票数を基に比例配分し、小選挙区の落選者の中から各選挙区での得票率の高い順に当選者を決定する。これは小選挙区で敗北した政党に比例区での配分を有利にすることによって、小選挙区制度がもつ相対多数派の過剰代表を抑制し、中小政党の不利を補うことを企図している。

下院（定数六三〇）は全国を州を基本にして二六選挙区に分け（大きな州は二ないし三）、ヴァッレ・ダオスタ州（一名）を例外に人口に応じて議席を配分する。この配分された議席の四分の三が小選挙区（四七五）、四分の一（一五五）が比例区であり、投票は小選挙区と比例区の二票制である。一つの小選挙区と三つまでの比例区での重複立候補ができ、比例区での政党名簿は拘束式である。全国合計で得票率四％未満の政党には議席が配分されない阻止条項がある。比例区での議席配分では上院と異なる控除方式を採っている。小選挙区の次点者の得票に一を加えた数（当選必要票数）を各政党の比例区得票総数から控除し、それを比例区での配分の基数とする。

表5-2からわかるように、九四年三月選挙ではセーニ・グループとイタリア人民党による「イタリアのための協定」という中道勢力がこの控除方式の恩恵を最も受けており、比例区の得票率一五・六％に対して、比例区の議席率は二七・一％（四二議席）であった。九六年選挙では中道勢力が分裂し、左右の連合にそれぞれ参加したので、単独リストで選挙に臨んだ共産主義再建党（比例区得票率八・五％、配分議席数二〇で比率一二・九％）、と北部同盟（得票率一〇％、配分議席数二〇で比率一二・九％）にこの控除制度の効果が現れた。

しかし、二〇〇一年選挙では左右の両陣営はこの控除を避けるために、それぞれ「新しい国」「控除廃止」という一種の裏技のような偽装名簿（lista civetta）を作り、小選挙区候補者をこのリストに連結した。その結果、二大陣営は控除の影響をほとんど受けず、小選挙区で当選困難な単独リストの中小政党に有利な配分がなされない事態となり、控除制度の意味が失われた。つまり、小選挙区と比例区とが独立して機能する並立型に事実上移行した。また、北部同盟（三・九％）やディ＝ピエトロ・リスト（三・九％）、白い花（三・二％）など共産主義再建党以外の小政党は四％の阻止条項の壁を超えられず、比例区の議席配分を受けられなかった。

3　政党の解体と分裂、新政党の台頭、政界再編

イタリアの政党は八〇年代までほとんど変化してこなかった。急進党や緑の党などの新党の結成、ＤＣの得票率

政界再編成

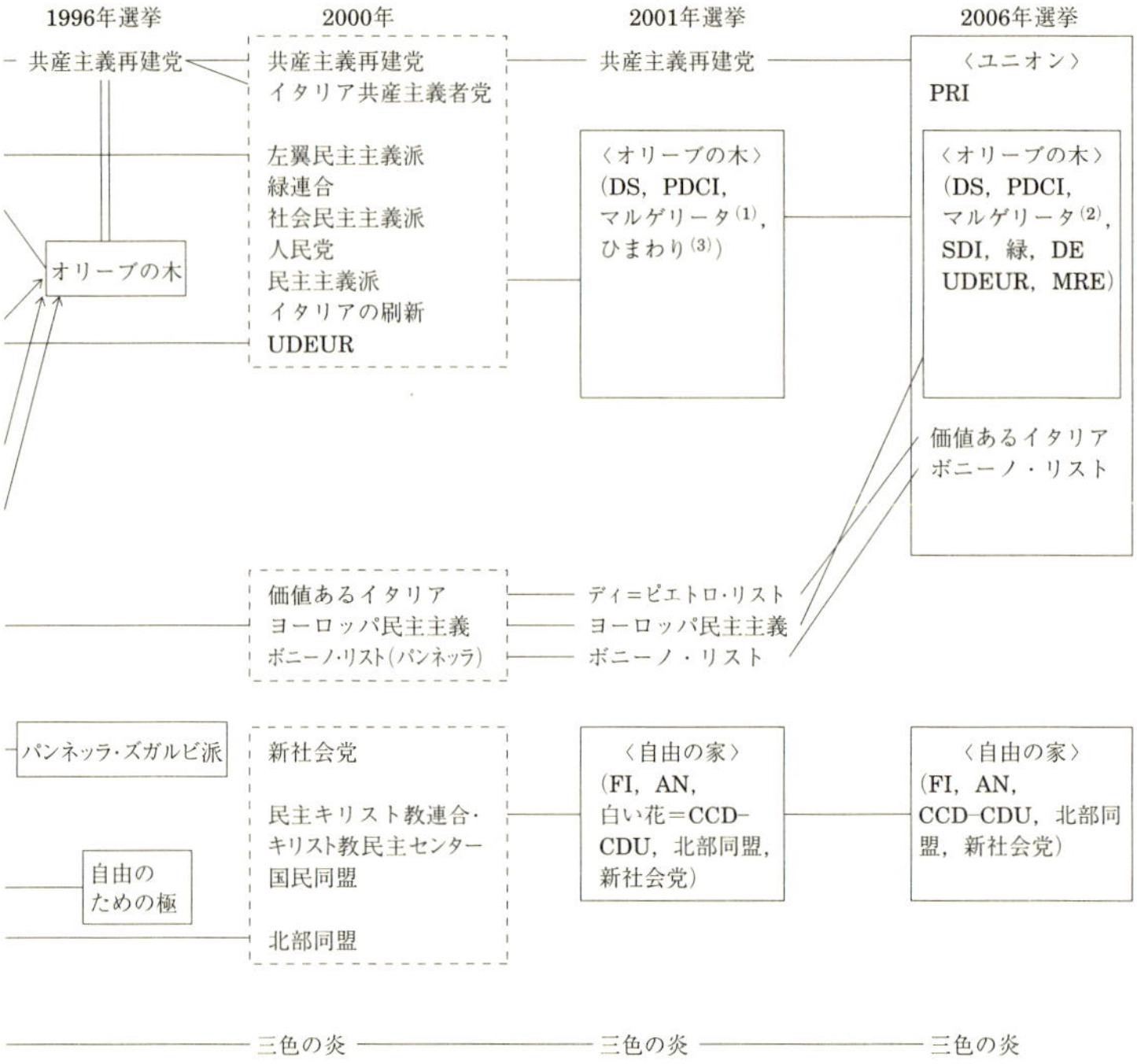

の漸減以外には各党の得票率にも大きな変化はなかった。しかし、図5-1に示すように、九〇年代以降は激変し、日本以上に既成政党の分裂と新党の結成、再編は激しい。

戦後一貫して政権の座にあったDCをはじめ、一九世紀以来の伝統を持つ自由党、社会党、共和党など連立政権を形成してきた諸政党が、汚職追及と国内外の政治の激変によって、崩壊・分裂あるいは没落・消滅した。DCは人民党、セーニ・グループ、キリスト教民主センター、キリスト教民主連合、共和国民主連合などに分裂した。既成政党の中で両極に位置し、政権か

図5－1　イタリアの

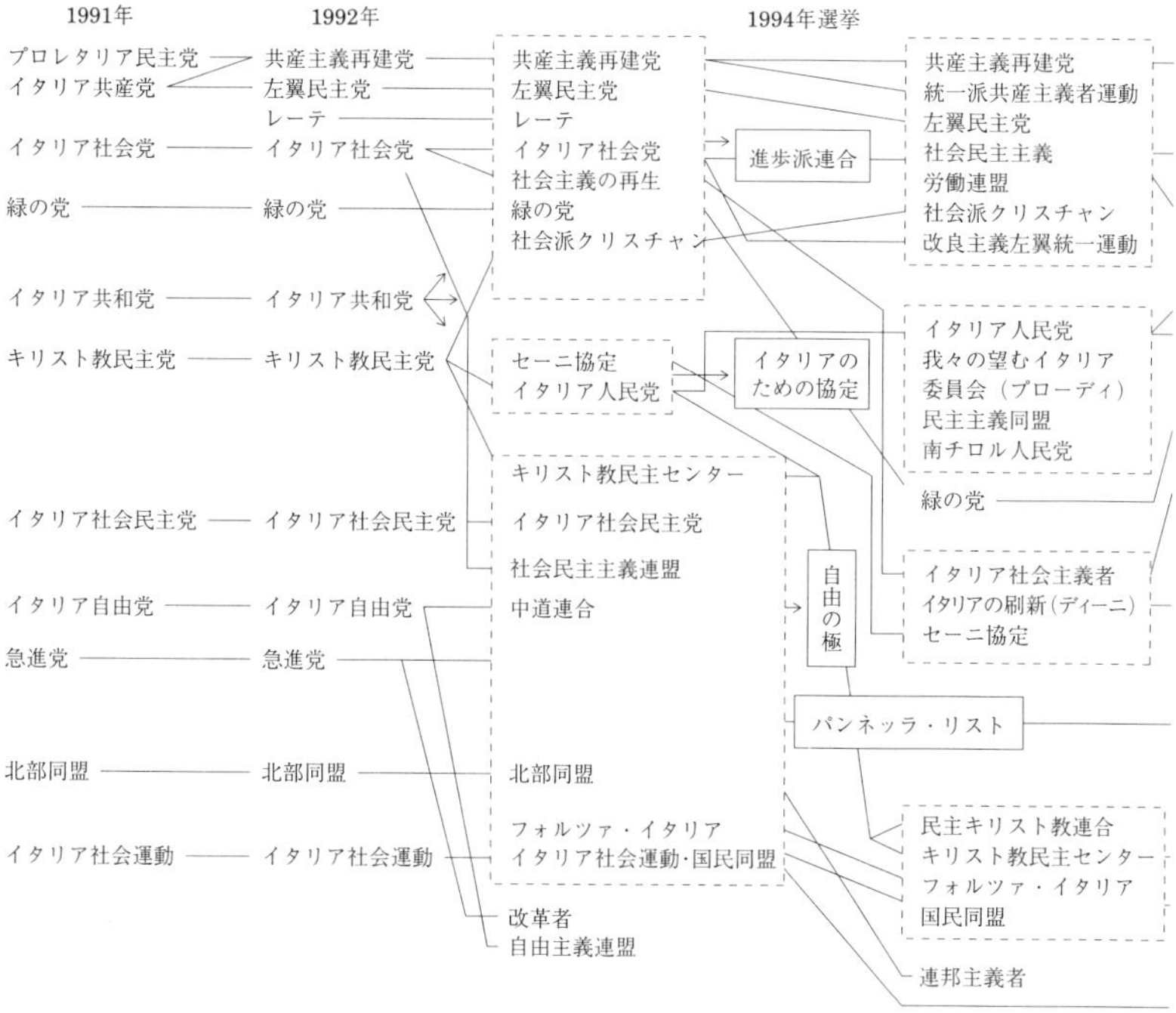

〔注〕 ▭ は選挙連合
(1) 2001年選挙でマルゲリータのリストに参加したのは，人民党，民主主義派，イタリアの刷新，UDEUR。
(2) 2002年に設立された統一政党としてのマルゲリータには，人民党，民主主義派，イタリアの刷新の３党が参加。
(3) 「ひまわり」は社会民主主義派，緑，SVP が結成した合同選挙リスト。
MRE＝ヨーロッパ共和主義者運動　DE＝ヨーロッパ民主主義
〔出典〕 ⑤147頁を修正・加筆。

ら排除されていることによって腐敗を免れていた共産党とネオファシスト政党のイタリア社会運動も、それぞれ左翼民主党（一部は共産主義再建党へ、九八年にはこの中の穏健派が分裂してイタリア共産主義者党を結成）と国民同盟へと党名を変え、政治路線の穏健化を図ることによって、政治の激動に対応し、主導することができた。

他方で、北部同盟やフォルツァ・イタリアなどの新しい政治グループが台頭した。しかし、九〇年代に躍進した北部同盟は二〇〇〇年代に入ると急速に後退し、中道右派陣営の中ではフォルツァ・イタリアの優位が確立しつつある。また、分裂していた旧ＤＣ系の諸政党は新勢力も加えつつ左右の陣営のそれぞれでマルゲリータ（二〇〇二年に民主主義派、イタリアの刷新と人民党が合流した新政党）やＣＣＤ‐ＣＤＵの形で再統合を図っている。これらの政党再編の動きは二〇〇六年四月の総選挙を経て、今なお進行中である。

4　政界再編の原因

伝統政党の没落と新政党の台頭の国際的要因としては、ベルリンの壁の崩壊とソ連・東欧社会主義諸国の崩壊が挙げられる。国内外の冷戦構造はもはや不要となり、共産党の主流は左翼民主党（後に左翼民主派）に変容し、その結果、共産主義の防波堤として、腐敗という代価を払ってでも必要とされたＤＣの存在意義は消滅したのである。

国内的要因としては、第一は、「司法による革命」と言われる九二年のミラノ市に始まる汚職・不正献金捜査の全国的拡大である。これはクラクシ、アンドレオッティなど四人の元首相や与党の二人の現書記長を含む大量の国会議員、財界人、官僚等の捜査と二〇〇〇人を超す逮捕者を生み出し、この過程で政界の多数の有力者が失脚した。第二は「投票による革命」と呼ばれる制度改革の国民投票である。これによって、ＤＣを離党したセーニや左翼民主党、市民団体などの諸勢力が国会の外から制度改革を推進し、これが同時に政党の再編を促した。九一年の国民投票では下院選挙における選好投票を一票に限定し、九三年の国民投票では上院選挙を小選挙区制にした。さらに、国家持株省の廃止、政党への国家補助の廃止（形を変えて存続）、州政府の権限強化などを決めた。

第三に、新しい政党の台頭である。キリスト教民主党を離れ「イタリアのための協定」を設立したセーニ、シチリアで反マフィア政党レーテを指導したオルランド、北部地域の利益擁護と連邦制の導入を主張する北部同盟という地域主義政党、マスコミや企業組織を活用したベルルスコーニ（「メディアの帝王」と呼ばれる有力財界人）のフォルツァ・イタリア、「清い手」の代表格であったディ・ピエトロの「価値あるイタリア」、ディーニ元首相の「イタリアの刷新」、プローディ元首相の「民主主義派」など新しい課題と運動スタイルを体現する勢力が、政党制の変化を引き起こした。これらの新政党は指導者名を付けて呼ばれるように、指導者個人の影響力が強いことが特徴である。

4　むすびにかえて――「政権交代のある民主主義」と「盗賊支配政治」

一九九四年の選挙で分裂・解体していた旧ＤＣ勢力は敗退して戦後初めて政権を失い、フォルツァ・イタリアのベルルスコーニが率いる右派連合政権が成立した。この内閣には国民同盟が参加したが、これに対して仏独などヨーロッパ諸国から民主主義の諸価値の危機への強い懸念が表明された。九六年選挙では再分裂した中道勢力の多数を取り込むことに成功した中道左派連合「オリーブの木」が勝利し、プローディ内閣が成立し、左翼民主党が政権に参加した。九八年一〇月、プローディ内閣崩壊の後を受けて、その連立枠組みを基本的に継承したダレーマ内閣が成立した。彼は旧共産党主流派が穏健化した左翼民主党の書記長であり、旧共産党出身の首相はイタリア史上初であった。共産主義再建党から分かれたイタリア共産主義者党も閣内に入った。これらはイタリア政治における冷戦体制の終焉と戦後政治体制の根本的変化を示している。二〇〇一年選挙ではフォルツァ・イタリア、国民同盟、北部同盟、ＣＣＤ - ＣＤＵの中道右派連合が勝利し、ベルルスコーニが再び首相になった。このように一九九四年の選挙以来、選挙の度に政権が交代している。

九〇年代前半におけるＤＣの劇的な崩壊は、戦後イタリアの政治制度・国家制度の終焉の前触れであった。ヨーロッパ統合とグローバル化の進展という中で、八〇年代後半から九〇年代に公正・効率的・統一的で迅速な行政、改革を実行できる安定した政府、有能で効率的な議会、司法改革、分権化、政党・行政腐敗の一掃と政党支配国家の打破、透明で公正・効率的な経済システムなど、社会の全制度の抜本的な改革の必要性が広く認識されていた。選挙制度改革がその突破口として位置づけられ、上記のように「政権交代のある民主主義」が実現した。九〇年代後半の中道左派連合政権は公企業の民営化、行財政改革と財政再建（累積債務の減少と財政赤字の削減）、ユーロへの参加、分権化のための憲法改正等を実現した。しかし、二〇〇一年選挙で復帰したベルルスコーニ政権は、経済状況の悪化に対処できないまま、刑事訴訟法改正、会計帳簿の不実記載の微罪化、国家の要職者の裁判の凍結（二〇〇四年一月に憲法裁判所は、この裁判凍結法が違憲であるとの判決を下した。）から司法権の独立への挑戦まで、自己の権力と利権維持のための「特定個人向けの法律」を多数成立させ、「盗賊支配国家」の様相を呈している。

分権改革は二〇〇一年の憲法改正で飛躍的に進み、「緩やかな連邦制」「協調的連邦制」へ歩み出した。しかし、ベルルスコーニ政権は二〇〇五年一一月にさらなる憲法改正案を野党の反対を押し切って可決させた。その内容はきわめて広範で重大な問題を含んでいる。その主要な内容は以下の通りである。①現在の対等な二院制を改革し、「権限の相違する非対称的な二院制」の実現　②イギリス型の議院内閣制をモデルにした政府形態の改革による首相の権限強化　③「競争型連邦制」モデルに基づく州制度の再改革、健康保険、学校、地方警察の州の排他的立法事項への変更　④憲法保障制度の改革すなわち、憲法裁判所裁判官の選出方式、憲法改正手続きや大統領選出方法の変更などである。これに対する国民投票は二〇〇六年中に予定されている。

さらに、ベルルスコーニ内閣は二〇〇五年一二月に上下両院とも小選挙区を廃止し、比例代表制だけにする選挙制度改革法案を野党の反対を押し切り成立させた（〇六年四月の選挙に適用）。その要点は以下の通りである。下院は全国規模の、上院は州単位の比例代表制で、両方とも一票制である。両院とも拘束名簿式で、政党・連合リストへの投票だけである。政党・連合リストは選挙綱領を提出し、代表者を明示する（大統領の首相任命権を拘束しない）。下院の議席は全国得票率で一〇％以上の政党（連合）、二％以上の連合連結政党、四％以上の非連結政党、言語的少数者代表政党に配分される。第一党には三四〇議席（五四％）がプレミアムとして配分される。なお、二％未満の連合連結政党の中の最多得票率の政党にも議席が配分される。上院の議席は州単位の得票率が二〇％以上の政党（連合）、三％以上の連合連結政党、八％以上の非連結政党に配分される。第一党へのプレミアム議席数は州の全議席の五五％である。この突然の選挙制度改革は、中道左派勢力の分裂を図るとともに、二〇〇六年四月選挙でベルルスコーニが敗北した場合の議席減少の打撃の緩和が目的であると言われている。

このように、政権交代は実現するようになったが、ヨーロッパ化とグローバル化に対応した公共性、公平性、効率性と近代性のある政治システムと政治運営にはまだ道が遠いのが現代のイタリア政治の状況である。

〔高橋　進〕

【参考文献】

①阿部照哉・畑博行編『世界の憲法集　第三版』有信堂、二〇〇五年
②後房雄『大転換　イタリア共産党から左翼民主党へ』窓社、一九九一年
③後房雄『「オリーブの木」政権戦略』大村書店、一九九八年
④後房雄「制度改革と政治変動」日本政治学会編『年報政治学、五五年体制の崩壊』、岩波書店、一九九六年
⑤梅津實他編『新版　比較・選挙政治』ミネルヴァ書房、二〇〇四年
⑥白石克孝編『分権社会の到来と新フレームワーク』日本評論社、二〇〇四年
⑦高橋進・坪郷実編『ヨーロッパ・デモクラシーの新世紀』早稲田大学出版部、二〇〇六年

⑧高橋利安「イタリア憲法第2部第5章『州、県及びコムーネ』の改正」『外国の立法』二一二号、二〇〇二年五月
⑨高橋利安「最近のイタリア共和国憲法改正の動向」『法律時報増刊　憲法改正問題』二〇〇五年五月
⑩武田美智代「連立政権の構造と動態」『レファレンス』一九九四年六月
⑪西川長夫・宮島喬編『ヨーロッパ統合と文化・民族問題』人文書院、一九九五年
⑫パットナム、ロバート・D、河田潤一訳『哲学する民主主義』NTT出版、二〇〇一年
⑬馬場康雄・岡沢憲芙編『イタリアの政治』早稲田大学出版部、一九九九年
⑭村上信一郎「EU統合と政治改革」日本比較政治学会編『EUのなかの国民国家』早稲田大学出版部、二〇〇三年
⑮村上信一郎「イタリア政治は盗賊支配（クレプトクラツィア）に移動するか」『世界』二〇〇四年一一月
⑯村上義和編『現代イタリアを知るための44章』明石書店、二〇〇五年
⑰山口定・高橋進編『ヨーロッパ新右翼』朝日新聞社、一九九八年

第6章　カナダの政治制度

1　カナダ政治を理解する鍵

1　歴史的背景

カナダの連邦政府は一八六七年七月一日に成立した。この連邦（コンフェデレーションと呼ぶ）は、複数のイギリス系植民地を統合することで、まとまった政治的単位を創出しようというものであった。もちろん、一八六七年以前には、「連合カナダ」と呼ばれる、現在のオンタリオ（当時はアッパー・カナダ）とケベック（ロワー・カナダ）が結びついた政治的単位もあったが、近代的な国家としてはまだ不十分であった。

一八六七年にカナダ連邦を形成したのは中央部に位置するアッパー・カナダとロワー・カナダ、そして大西洋に面したニュー・ブランズウィック、ノバ・スコシアの四つであった。その後、マニトバ（一八七〇年）、ブリティッシュ・コロンビア（一八七一年）、プリンス・エドワード島（一八七三年）、アルバータとサスカチュワン（ともに一九〇五年）、そして最後にニューファンドランド（一九四九年）がカナダの連邦に加入してきた。

この連邦の形成をみれば、近代国家としては、やや若い国という印象を持つ。しかしフランスの統治（一六三三年から一七六〇年）、英国の統治（一七六三年から一八六七年）という時間の展開を眺めると、イギリス系カナダとフランス系カナダの共存や憲法・法制度の発展という歴史的な積み重ねがあることがわかる。したがって、一八六七年に突然「カナダ」という連邦国家が人工的に創り出されたのではなく、長い歴史的な成果の上に形成されたことを強調しておこう。カナダは隣国のアメリカほど革命のレトリックやドラマに満ちた歴史を持たないが、カナダはカナダなりの独自な歴史や政治を育んできている。

カナダがイギリスの植民地であったという歴史的事実から、近代国家カナダの関心は大英帝国に向けられることが多く、アメリカや日本などと対比すれば、かなり「内向的」な政治を展開してきた。一八六七年に成立した連邦は、国内政治においてはカナダが主権を担うが、対外的にはイギリスの管轄下に置かれるという「自治領政府」（ドミニオン）であった。その後、「バルフォア報告」（一九二六年、英国と英領植民地が対等であることを確認）、「ウェストミンスター条令」（一九三一年、バルフォア報告の原則を法制化、英国議会で成立するのは一九三一年）により対外的にも主権を行使できることになった。カナダがイギリスに目をむけた内向的な歴史や政治を展開してきたのはある意味では当然のことであった。

しかし、二〇世紀に入ると次第に大英帝国ではなく隣のアメリカとの関係や交流を強化することが求められてきた。今ではカナダは政治・安全保障・経済・文化などの面で、アメリカとの協調や協力を行うことが不可欠とすらいえるだろう。しかし、第二次世界大戦後、カナダは単なる対米追従ではなく、国際協調や国際協力の推進、国連のＰＫＯ活動への貢献、発展途上国への援助政策（最近のＯＤＡ政策）、冷戦下においては社会主義国との友好関係の強化など独自な外交路線の展開に苦心してきた。Ｌ・ピアソン外務大臣（後に首相に就任、ノーベル平和賞受賞）がスエズ危機（一九五六年）に際して発揮したリーダーシップやP・E・トルドー首相が一九七〇年代から一九八〇年代にかけて行った外交政策などはその具体例である。また、国内的には二言語政策、多文化主義政策、先住民政策、憲法改正など多くの注目される政策を導入してきている。

2　四つの鍵

カナダの政治や歴史を理解する鍵は、おそらく次の四つに集約されるだろう。以下、簡単に紹介しておこう。まず第一の鍵は、カナダにおいてイギリス式の政治制度や政治文化が再現されている点である。憲法の基本原理、議院内閣制、議会制度などかなり忠実にイギリスの制度が導入されている。さらにイギリスの君主をカナダの君主にすえるという「立憲君主制」も継承している。もちろん、イギリス君主がカナダ政治においてその任務を日常的には遂行できないので、その代理人として「総督」（ガバナー・ジェネラル）を設けている。加えて、州政府のレベルでも「副総督」をすえて、立憲君主制を名実ともに実現している。したがって、形式的にはイギリス女王、カナダ総督、そして一〇名の副総督（一つの州に一名、全部では一〇州ある）が民主的な連邦国家における君主としての役割を担っている。

第二の鍵は、イギリス系カナダ人とフランス系カナダ人との間には、長年にわたる共存のためのノウハウが蓄積されている点にある。確かにイギリス軍が北米のフランス植民地（ニュー・フランスと呼ぶ）を攻撃して、一七六三年以降はフランス系住民もイギリスの支配下におかれた。しかし、イギリスはフランス系住民に対して、一方的な支配や弾圧を行わず、二つの異なる集団の共存が可能となるような枠組みの設定に苦心してきた。もちろん、この「共存」が民主的なものであったわけではないが、少なくとも二〇〇年にわたり平和共存の枠組みが維持されてきたことの意義は大きいといえるだろう。また、これに沿って政治制度や法体制が整備されてきている点も重要である。例えば、刑法については全国一律であるが、民法はケベック州においてはフランス民法を認め、他方その他の英語系の州ではコモンロー体系を認めてきている。さらに連邦最高裁判所の判事の任命にあたり、一定の範囲（現在は九名中、三名）において、必ずケベック州選出の判事を任命することが「慣例」になっている。言語についてみても、連邦成立の当初から連邦レベルで英語とフランス語を使うことを憲法の原則として認めてきた。これは一九六九年の「公用語法」の制定により、さらに強化される傾向にある。

第三の鍵は、政治制度や政治過程において、フランス系カナダ人が多いケベックのみが優先されるわけではなく、有力な州の力や特定の州が集まった地域（主に沿海部、中央カナダ、西部）のバランス維持が重要な点にある。例えば、首相が連邦政府の閣僚を任命する際、能力や人柄にとどまらず、地域を代表しているかどうかの考慮をしなければならない。かりに一五名の閣僚ポストがあれば、沿海部三名、中央カナダ八名（オンタリオ四名、ケベック四名）、西部四名というような微妙なバランスを維持することが必要となる。これはそれぞれの地域の経済的利害が異なり、その結果、異なる連邦政府の政策や対応が求められる理由による。具体的には西部カナダは農業や資源開発を手がかりとして発展しており、大西洋岸のカナダは漁業や農業にほぼ依存する経済構造となっているのに対し、中央カナダは製造業や金融・サービス業などカナダ経済の中心をなす実力を保持している。バランスの維持がうまく機能しないと、時には地域主義を担う政党が州のレベルでも連邦のレベルでも出現することもある。いずれにせよ、政治制度を分析する上で、背後に存在する地域間のバランスやダイナミズムも理解することが必要である。

最後の四番目の鍵は、カナダの政治制度はアメリカの連邦制度から多くの影響を受けている点にある。イギリス式の（ある程度同質的な社会を前提とした）議院内閣制を、民族や地域により多元化しているカナダに直接あてはめようとしても、現実的ではなかった。そのため、連邦建国の祖父たちはアメリカ式の連邦制度を観察し、修正の上でカナダにも応用した。例えば、州政府の権限をあまりにも認めると、連邦全体の利害調整ができないので、ある程度連邦政府が州政府に対してコントロールできるような中央集権的連邦制度を導入した。また憲法上での連邦政府と州政府の権限を規定する際、アメリカは権限を明記していない場合（「これを残余権限」と呼ぶ、修正第一〇条）には、州政府に与えるとしたが、カナダでは反対にこの残余権限を連邦政府に与えるものとした。いわば中央政府の権限を中心に置き、州政府の自治を尊重するという連邦制度がカナダでは構築されたのである。

もちろん、最近では制度面にとどまらず、選挙活動のスタイルやメディアと政治など、カナダ政治の「アメリカ化」現象が進行している。しかし、全面的なアメリカ化というわけでもなく、イギリス的な要素、カナダ的な要素、あるいはケベック的な要素が混在する形で政治のスタイルや行動様式が形成されている。政治文化論や政治制度論の立場からすれば、この点でカナダ政治はかなりユニークな材料をわれわれに提供してくれることになる。

2　連邦政府の機構とその特質

1　君主制と連邦制度

カナダ政治における主権は国民主権ではなく、イギリス本国と同じように、議会（パーラメント）にある。そしてこの場合、議会には英国君主、上院、下院の三者をもって構成される。このため、カナダでも制度論的な議論を行う際には、A・ダイシーが展開した論点などを参照することになる。しかし、同時にカナダにおいては連邦政府と州政府というように主権を行使する主体が複数存在することが問題となる。単一国家における議会主権とはやや異なる複雑な分析が必要となる。さらに、アメリカ式に議会が制定した法律を司法機関が判決を下す、という「違憲立法審査権」との関連が重要となる。特に一九八二年憲法に「人権規約」が明記されており、司法機関による積極的な役割が増加する可能性が指摘されている。同じ議会主権といっても、イギリス本国とは異なる状況がカナダでは生まれていることを強調しておこう。

次にカナダが立憲君主制をとることで、連邦レベルでの総督、州レベルでの副総督、というように英国君主のいわば代理人が設定されている。総督はカナダ首相の助言に基づき、英国君主により任命される。総督の任期は通常は五年であるが、状況により変化しうる。一九五二年まではイギリス人が総督に任命されてきたが、それ以後はすべてカナダ人が任命されてきている。近年ではウクライナ系や中国系のカナダ人、そして女性も総督に任命されるようになってきた。ただし、カナダ総督は具体的な役割としては、今日ではもはや実質的な権限を持たず、いわば象徴的な役割を担っているにすぎない。他方、州レベルにおける副総督は、君主の代理人と同時に連邦政府の代理人でもある。このため、州議会の制定した法案に対してそれを認めず、「留保」や「却下」することで反対の意向を明示することもあった。連邦制度といいながら、副総督のポストをたくみに利用することで、中央政府のコントロールを組み込んだ制度が作られたのである。形式とは言いながら、州の法案は副総督による承認を必要と規定したからである。

行政を執り行う上での顧問機関が「枢密院」で、現職閣僚、元閣僚、元州首相、最高裁判事、元上院議長、元下院議長などが枢密院顧問（およそ三〇〇名前後）に任命される。ただし、これも実質的には名誉職にあたり、現実の行政については、内閣がその責任と権限を担っている。形式として、枢密院のなかの委員会が内閣を構成することになる。

さて、カナダ憲法も重要な要素であるが、かなり複雑なものとなっている。それは、イギリス式の憲法原理に加えて、制定法としての憲法が存在するからである。前者の例としては、イギリスが長い歴史を通して形成してきた憲法上のルールや慣習（例えば、議会主権や議院内閣制）がカナダでも適用される。それは「英領北アメリカ法」（British North America Act）の序文において、「連合王国の憲法と原則的に類似の憲法を有する一つの自治領に連邦として統合したい」と簡単に明示されていることからわかる。さらにカナダがイギリスの植民地として形成されたので、成文憲法たる「英領北アメリカ法」も実はイギリス議会で制定されたという特殊な事情がある。

他方、カナダが制定した法律や憲法改正もカナダ憲法の一部を構成する。例えば、連邦結成時に制定された「英領北アメリカ法」に対し、その条文の修正をカナダ政府がイギリスに求め、個別の問題に対応してきた。最近では一九八二年に、「人権規約」や憲法改正のルールを定めた憲法が制定された。このため、「旧英領北アメリカ法」が「一八六七年憲法」へと名称変更が行われた。制定された憲法としては、一八六七年憲法と一九八二年憲法という二本立てになっている点に注意しておこう。一八六七年憲法は、連邦の構成、行政権、立法権、州の組織、立法権の分配、司法、歳入や債務、などの基本的な統治機構を明文化したもので、アメリカ憲法などと対比すると、きわめて複雑な規定が盛り込まれている。一九八二年憲法は、旧英領北アメリカ法に憲法改正のルールや人権規約が明示されていなかったので、これを改善する形で必要な項目が新たに追加された憲法である。役割としては、一八六七年憲法と一九八二年憲法の二つの制定法が相互に補完するように位置づけられている、と理解するのがよいだろう。全体として見れば、二つの制定法、旧英領北アメリカ法に追加・修正された条項、議会が制定した法律や枢密院令（内閣令）、重要な慣習、そして司法判決、といったものがカナダ憲法を構成している。この点でもカナダ憲法は、複雑でややわかりにくい。

連邦国家においては、連邦政府と州政府の権限はたえず大きな対立の原因となってきた。旧英領北アメリカ法では、第九一条で連邦議会の権限を定め、第九二条で州議会の権限を定めた。ただし、問題は行政サービスが多様化し、国家が社会・経済生活に介入する度合いが高まることで、憲法上の権限の分割が実際には不十分になってきた事実にある。二つのレベルの政府の権限が対立し、矛盾する場合、政治的な妥協をすることもあり、実務的な協定を結んで解決することもある。アメリカと対比していえることは、カナダの場合、連邦最高裁判所が連邦と州の対立に対して、積極的な調停や利害の調整役を歴史的に果たしてこなかったことがよく指摘される。

2 立法

カナダの上院と下院の地域別議席配分をまとめたのが表6-1である。アメリカの上院と異なり、カナダの上院は、総督により任命された一〇五名の議員から構成される。またカナダ上院では、アメリカのように各州から必ず二名の上院議員というようにせず、大きな二つの州（オンタリオとケベック）、大西洋岸の地域（のちに西部カナダを追加）としてまとめて議席の配分を行った。ところで、マルルーニー進歩保守党政権は、一九九〇年九月、一八六七年憲法の第二六条を根拠に八名の上院議員を追加・任命した。これは、上院において進歩保守党議員を多数派にして、政府法案の通過を容易にさせるためであった。八名の内訳は大西洋岸の地域、オンタリオ、ケベック、西部カナダの各地域に二名ずつ追加するというものであった。過去においてもそうした政治的目的のために上院議員の追加を検討した首相はいたが、実際にそれを断行したのはマルルーニー首相がはじめてであった。一八六七年憲法の第二六条をもとにすれば、各地域から一名（全体で四名）あるいは二名（全体で八名）という追加の方式がある。一九九〇年の場合は各地域から二名という方式を採用したのである。

表6－1　連邦上院・下院州別議席配分

地域と州	上院	26条による追加議員	下院
西部カナダ	24		
ブリティッシュ・コロンビア	6		36
アルバータ	6	(2)	28
サスカチュワン	6		14
マニトバ	6		14
オンタリオ	24	(2)	106
ケベック	24	(2)	75
沿海部カナダ	24		
ニューブランズ・ウィック	10		10
ノバ・スコシア	10	(2)	11
プリンス・エドワード島	4		4
ニューファンドランド	6		7
準州			
ユーコン	1		1
北西準州	1		1
ヌナブット	1		1
合計	105	(プラス8)	308

上院がやや保守的な色彩を持つことから、四〇〇〇ドル相当の資産を有し、年齢も三〇歳以上であることが現在でも求められている。任期については連邦結成以来、終身制をとってきたが、高齢者議員の続出から、一九六五年以降は、七五歳定年制と変更された。実際に任命されるのは、政権政党と関係の深い人物、元閣僚、元州首相、ビジネスマン、元高級官僚などである。上院の役割としては、法案の作成にあたり形式的な役割を担うが、実際にはほとんど意義を持たない、というように厳しい評価がある。近年では、改革案として「トリプルE」上院がよく議論されている。トリプルEとは、選挙で議員を選び、各州に同じ議席の配分を行い、さらにより効率的な議論の場にすべき、というキーワードの頭文字を

表6-2　連邦下院・州別議席の配分

選挙年 / 州	1867	1872	1874 1878	1882	1887 1891	1896 1900	1904	1908 1911	1917 1921	1925 1926 1930	1935 1940 1945	1949	1953 1957 1958 1962 1963 1965	1968 1972 1974	1979 1980 1984	1988 1993	1997 2000	2004 2006
オンタリオ	82	88	88	92	92	92	86	86	82	82	82	83	85	88	95	99	101	106
ケベック	65	65	65	65	65	65	65	65	65	65	65	73	75	74	75	75	75	75
ノバ・スコシア	19	21	21	21	21	20	18	18	16	14	12	13	12	11	11	11	11	11
ニュー・ブランズウィック	15	16	16	16	16	14	13	13	11	11	10	10	10	10	10	10	10	10
マニトバ		4	4	5	5	7	10	10	15	17	17	16	14	13	14	14	14	14
ブリティッシュ・コロンビア		6	6	6	5	6	7	7	13	14	16	18	22	23	28	32	34	36
プリンス・エドワード島			6	6	6	5	4	4	4	4	4	4	4	4	4	4	4	4
サスカチュワン					4	4	10	10	16	21	21	20	17	13	14	14	14	14
アルバータ								7	12	16	17	17	17	19	21	26	26	28
ユーコン													1	1	1	1	1	1
マッケンジー・リバー							1	1	1	1	1	1						1*
北西準州													1	1	2	2	2	1
ニューファンドランド												7	7	7	7	7	7	7
総議席	181	200	206	211	215	213	214	221	235	245	245	262	265	264	282	295	301	308

〔注〕 ＊ヌナブット

とったものである。

立法機関の中心は下院（ハウス・オブ・コモンズ）である。一八歳以上の国民が全国で三〇八に分かれた「小選挙区」から、議員を選出する。また候補者となれる被選挙権も選挙権と同じ（一八歳以上）である。議席数の配分は選挙区の人口変動を考慮して、十年おきに調整することが規定されている。選挙区の区割りはどの国においても、大きな政治的争点となりやすいが、カナダでは比較的スムーズにこれが実施されている。表6-2が示すように、西部の議席が次第に増加する傾向にあるが、オンタリオとケベックの圧倒的優位は動かしがたい。二つの州の議席を合計すれば、過半数を制することが可能だからである。アメリカの下院も人口変動に応じて、州ごとの議席の調整を行うが、東部や北部の州や地域の相対的な（議席数の低下により）発言力の低下が見られる。しかし、カナダの場合、オンタリオとケベックの国政における中心的役割は確固たるものに思われる。選挙は五年に一度は実施しなければならないが、通常は四年をめどに選挙が行われている。選挙権を行使できるのは、連邦選挙、州選挙ともに一八歳となっている。また、選挙を執行する際、連邦選挙は連邦政府、州や自治体レベルの選挙は州政府というように個別に管轄が規定されている。連邦選挙は憲法と「カナダ選挙法」に沿って実施されている。

下院の役割としては、まず立法機能がある。手続きとしては、法案が提出されあと、三回の読会方式による審査をうける。ついで上院へ法案が送られて、両院を通過した場合には総督の裁可をうけて法律として公布される。かりに上院で先に審議された場合は、同じように上院における三回の読会方式を経て下院へまわされる。

第二の役割は、主に野党にまわった政党による政策や行政活動の監視や点検である。野党議員はそれぞれ工夫して政府・与党の失点やエラーをみつけて攻撃をするし、政府・与党側もそれに対して反撃を試みている。カナダの下院もイギリス式に与党と野党が対面して議席に座り、双方の反応を見ながら論争を繰り返している。議員の人数が少ない、というカナダの利点もあろうが、形式主義的な国会での討論に慣れてしまった日本人の立場からカナダでの国会討論を見ると、実に新鮮にうつる。やはり、民主主義は問題や争点について議論をつくすことがその基本である、というイギリス式の伝統がカナダでも生きているからである。

第三の役割は、政策や重要な社会問題の調査である。これは主に議会のなかに設けられた委員会や小委員会により行われる。これらの委員会は、時には全国で公聴会を開き、相当なエネルギーを費やして国民の意見をすくい上げようとしている。公聴会への参加・発言はもちろん自由であり、圧力団体や専門家に限らず、学生や主婦、市民団体のメンバーといった「普通の人々」が気軽に参加している。また、カナダを通して重要な問題が生まれると、議会が特別調査委員会などを発足させて、かなり質の高い調査活動を展開する。例えば、カナダの先住民の自治政府論を検討した委員会、マイノリティの社会参加を検討した委員会、憲法改正問題についての委員会などがあり、市民や研究者たちもそうした委員会の報告書を読むような積極的な姿勢がある。さらに、本会議だけにとどまらず、委員会における公聴会や討論などふくめてすべて一般に公開されている。「一般に公開されている」というのは、そうした議事録や報告書が印刷され、簡単に誰でも入手できることにある。ここからカナダでは、根本的に議会における討論を国民にオープンにしようという姿勢があるといえる。日本の国会議事堂は物理的にも「閉鎖的」にうつるが、カナダの議会（議事堂前の広場をパーラメンタリー・ヒルと呼ぶ）は、名実ともに開放的な姿勢を確立している。これなどは日本が学ぶべき姿勢の一つといってよいだろう。

第四の役割は政権担当者を決定する機能である。いうまでもなく、カナダは議院内閣制をとっているので、下院における第一党が政権を握ることになる。カナダではこれまで、特別な時期を除けば、単独の政党が過半数を握ることが多かったので、連邦形成以来、内閣が不信任決議により辞職したのはごくわずかである。戦後では一九六三

表6－3　連邦議会下院――総選挙結果

選挙年	保守党	自由党	進歩党	CCF/NDP	社会信用党	社会信用党（ケベック）	ケベック連合	改革党	その他	総議席
1867	101	80								181
1872	103	97								200
1874	73	133								206
1878	142	64								206
1882	139	71							1	211
1887	126	89								215
1891	121	94								215
1896	88	118							7	213
1900	80	133								213
1904	75	138							1	214
1908	85	135							1	221
1911	134	87								221
1917	153	82								235
1921	50	116	64						5	235
1925	116	99	24						6	245
1926	91	128	20						6	245
1930	137	91	12						5	245
1935	40	173		7	17				8	245
1940	40	181		8	10				6	245
1945	67	125		28	13				12	245
1949	41	193		13	10				5	262
1953	51	171		23	15				5	265
1957	112	105		25	19				4	265
1958	208	49		8						265
1962	116	100		19	30					265
1963	95	129		17	24					265
1965	97	131		21	5	9			2	265
1968	72	155		22		14			1	264
1972	107	109		31	15				2	264
1974	95	141		16	11				1	264
1979	136	114		26	6					282
1980	103	147		32						282
1984	211	40		30					1	282
1988	169	83		43						295
1993	2	178		8			54	52	1	295
1997	20	155		21			44	60	1	301
2000	12	172		13			38	66		301
2004	99	135		19			54		1	308
2006	124	103		29			51		1	308

〔注〕 1．保守党は1942年に進歩保守党と名称変更した。
2．進歩党は，おもに西部カナダを代表する政党として登場した。
3．1917年の総選挙では，徴兵問題に関して自由党が分裂し，一部は保守党へ合流した。
4．CCF は協同連邦党の略称だが，同党は1961年に NDP（新民主党）と名称変更した。
5．ケベック連合はケベックのみを基盤とする政党。
6．改革党は2000年にカナダ保守・改革同盟（アライアンス）と名称変更した。2003年には進歩保守党と合併し，保守党となった。

年、一九七四年、一九七九年に不信任決議のため内閣が辞職している。

議会の主人公は政党であるが、カナダ憲法のなかでは言及されることがなく、いわば無視された存在となっている。しかし、政党がカナダ政治で重要な役割を担っていることは間違いない。表6-3はコンフェデレーション以来の選挙結果をまとめたものである。ここからわかるように、連邦レベルでは自由党と保守党（一九四二年、進歩保守党と名称変更）の二つが政権を握ってきた。三番手の政党は、これまで単独では過半数を制することができないでいる。ところでカナダの有権者は、ひとつの政党をある期間支持しているが、一定のサイクルがくると、二番手の野党に突然支持を変更する傾向にある。この突然の変化は徹底しており、カナダ内外で相当な関心を呼ぶ現象といえる。戦後の例を見れば、一九五八年（進歩保守党の圧勝）、一九六八年（自由党）、一九八四年（進歩保守党）、一九九三年（自由党）と四回ほどの事例がある。一九九三年の総選挙では、進歩保守党が一六九議席から一挙に二議席へと大敗北し、現職首相で党首のK・キャンベル女史も議席を失った。その代わりに、二つの異質な地域主義政党（ケベックのケベック連合、西部の改革党）が二番手、三番手の勢力として躍進した。日本では、進歩保守党の敗北を「小選挙区制度」のためと、NHKをはじめとしてメディアが報道していたが、これはカナダの有権者の行動様式からすれば、誤った解釈といわざるをえないだろう。地域主義、政治家のパーソナリティ、経済状況、対外要因や対米関係などが時として大きな政治変動を呼びおこすからである。

伝統的に政権を維持してきたのは進歩保守党と自由党である。進歩保守党は英国との繋がりを保持し、イギリス系カナダのナショナリズムを体現するような政党であった。他方、自由党は改革指向で、自由貿易を支持し、イギリスよりはアメリカとの協調に力点を置いた政党であった。しかし、戦後になると、多少の政策上のニュアンスの違いがあるにしても、二つの政党の政策やイデオロギーには極端な差が見られなくなった。しかし、進歩保守党がケベックにおいて支持をうることがなく、自由党がイギリス系カナダとフランス系カナダからバランス良く支持を引き出す事ができるため、政権を維持する期間が自由党の方が長いことになる。具体的にみれば、連邦下院で過半数を制するためには、オンタリオとケベックという大票田を押さえなければならない。自由党はこの二つの州の有権者の支持を得ることが多いといえる。二大政党に加えて一九三〇年代から活躍しているのは、社会主義政党の協同連邦党（CCF）・新民主党（NDP、一九六一年に名称変更）である。アメリカでは社会主義政党が有権者の支持を継続して得ることは困難であるが、カナダでは協同連邦党・新民主党がこの点では成功している。この党は州レベルでも政権の座についており、単なる万年野党というわけではない。ただし、この社会主義政党は沿海部やケベック州ではほとんど有権者の支持を連邦選挙でも州選挙でもあまりうることができず、勢力拡大のうえで大きな障害になっている。

進歩保守党と自由党とを問わず、党首や首相になるのは比較的若手の人物である。当選回数を何度も重ねるようなベテラン政治家ではなく、フレッシュな若手が党首や首相に就任することが多い。一九六八年に首相に就任したP・E・トルドー（四九歳）、一九七九年首相就任のJ・クラーク（四〇歳）、一九八四年首相就任のB・マルルーニー（四五歳）などいずれも若手の政治家が中枢のポストを占めるにいたっている。

また、正式な規則があるわけではないが、自由党はその党首を交替させる際、イギリス系とフランス系というように交互に指導者の交替を行っている。こうすることにより、二つの集団へのアピールを体系的にすることが可能になるためである。二〇世紀に入ってからの自由党党首を挙げると、W・ローリエ（フランス系）、M・キング（イギリス系）、ルイ・S・ローラン、L・B・ピアソン、P・E・トルドー、J・ターナー、J・クレティエン、P・マーチンという交替が見事なまでに行われている。

3 行政

カナダにおいて具体的な行政や政策を展開するのは内閣であり、多くの連邦官庁、政府機関である。一九九三年一一月四日に就任したフランス系のJ・クレティエンは、連邦結成以来、第二六代目の首相である。クレティエンは本来トルドー政権下において法務大臣やインディアン問題・北方開発省大臣などを務めたベテランの政治家である。首相のタイプとして、トルドー首相が理論派でハードなイメージを持ち、マルルーニー首相は理論よりは対立する利害の調整役において力量を発揮した。クレティエン首相は肥大化した財政赤字の解消に取り組み、行政機構の改革やリストラ、そして連邦公務員の削減などで一定の成果をあげてきた。

カナダの行政機構を観察していてわかることは、首相のリーダーシップによって、大胆な省庁の統廃合が行われる点にある。クレティエン内閣でもこのパターンがみられた。つまり、前進歩保守党政権下では、無任所大臣を含めて四〇近くの閣僚ポストが設定されていた。こうなると効率面などで問題が生じるので、分野やテーマ別の少数の閣僚による委員会が設けられていた。クレティエン新政権では、これを半分の二〇近くのポストに削減し、スリムな内閣をめざしている。過去の省庁の統廃合で目立つのは、国際貿易部門を「通産省」に置くか、「外務省」に置くかでゆれた。さらに外務省でも、特定の地域担当の無任所大臣を複数設定したりした。また、雇用・移民政策、消費者保護、科学技術、多文化主義政策、コミュニケーションなど頻繁に統廃合のターゲットにされてきた。

首相は、行政事務の責任者として多くの領域をカバーしなければならない。このため、内閣を補佐する事務機構として「枢密院事務局」が置かれている。さらに首相が政治的視点からの政策の検討や調査などのやや党派的業務については、「総理府」が置かれてこれを担当していた。首相はこの二つの機関を足場として、強力なリーダーシップを発揮できるようになっている。アメリカと対応すれば、ちょうどホワイト・ハウスに該当する形で枢密院事務局と総理府が置かれていると考えればよいだろう。

首都圏「オタワ・ガティノー」は連邦政府の中枢として、オタワ川をはさみ、オンタリオ州とケベック州にまたがって設定されている。オタワを訪問すると、国会議事堂、法務省、最高裁判所、国立図書館、カナダ銀行、外務省などが旅行客にも目立つ建物である。オタワの中心街、および郊外の巨大なビルディングはほぼすべて連邦政府のものといえよう。そしてオタワの主要な中央官庁としては、外務省、財務省、国防省、法務省、保健省、インディアン問題・北方開発省などがある。一つの例外として、復員軍人省だけは、『赤毛のアン』で有名なプリンス・エドワード島のシャーロットタウンに本庁が置かれている。

政府関連の委員会や独立行政機関としては、カナダ銀行、カナダ郵便公社、カナダ映画庁、中央人事委員会など多数にわたる。カナダでは、アメリカと対比すると経済活動の規模がかなり小さいため、重要な領域については政府が直接介入ないしは経営することが多い。例えば、鉄道（カナダ鉄道、CN）、放送（カナダ放送協会、CBC）、航空（エアー・カナダ）、石油開発（ペトロ・カナダ）、映画制作（カナダ映画庁、NFB）、航空機製造（デハビランド）などが知られている。しかし、マルルーニー進歩保守党政権は、政府財政赤字の解消や「民間活力」のために政府介入の度合いを相当低下させてきた。自由党政権は、一般的にこうした領域への政府介入を積極的にとる姿勢がはっきりしている。経済的合理性だけではカナダの文化やアイデンティティを守ることができず、政府の役割が「不可欠」と認識しているからである。進歩保守党政権はどちらかと言えば、経済的合理性に力点をおいた政策の運営を得意としている。

政策や行政を考える際、カナダではかなり複雑な構造にあることを認識しなければならない。つまり、連邦政府の管轄領域と州政府の管轄領域がうまく調和していれば問題はない。しかし、実態は相互の対立や政策の重複などがたえず起きている。このため、連邦政府と一〇の州政府の間で個々の政策について協定を結び、財政負担（通常は負担は半々）を決定する手続きをとらねばならない。行政的な側面からみれば、きわめて時間とコストのかかるシステムなのである。例えば、警察業務をとってみよう。連邦政府の管轄領域においては連邦警察（ＲＣＭＰ）が登場するが、州政府の管轄領域では州警察が登場する。現在自前の州警察を有するのはオンタリオとケベックの二つの州である。また少数ながらニューファンドランドでは、都市部を警備する警察隊（ＲＮＣ）を持つ。オンタリオとケベック以外の州（ニューファンドランドでは都市部以外の地域）では、連邦警察と州政府が「契約」を結び、州政府はＲＣＭＰにその業務を委託している。自治体のレベルでも自前の警察を持つところがあり、他方、連邦警察と自治体が「契約」を結ぶところもある。したがって、首都のオタワにいけば、連邦警察、州警察、オタワ市警察と三通りの警察機構が存在することになる。こうして「法と秩序の維持」だけでも連邦国家では複雑な行政協定を結ぶことが必要となるのである。

4　司　法

現在、司法機関としては、連邦レベルの裁判所と州レベルの裁判所の二つから構成される。ただし、単純明快に二つのレベルに分割されているのではない。州レベルの裁判所の管理・運営は州政府の責任であるが、州司法機関のなかで高裁や地裁などの上級審の判事については連邦政府が任命する、という方式だからである。これは、連邦政府が州レベルの判事を任命することで司法機関の独立と尊厳を守ろうとしたためと言われる。ユーコン準州、と北西準州、ヌナブット準州はそれぞれ人口も少ないが、他の州と同じように自前の司法機関を有している。

連邦最高裁判所では、九名の判事のうち、三名がケベックから選出されることが規定されている。これは前にも見たように、ケベック州の民法が大陸法的な民法によるための措置である。また現在、九名中、四名は女性の判事が就任している。カナダ初の女性最高裁長官はB・マクローソンで二〇〇〇年一月、長官に就任している。

カナダの連邦最高裁は、これまでアメリカの司法機関のように積極的な役割を担ってこなかった。それは、司法判決が前例に拘束されるという原則（stare decisis）のために、時代環境の変化に応じて審判役として前向きの判決を下すことができなかったためである。しかし、一九八二年憲法が「人権規約」を明確にしたことで、人権や市民的権利の侵害があれば、積極的に訴訟を起こすことが可能になった。アメリカ憲法の修正第一条から第十条で規定した「人権規約」が、カナダにおいてもようやく現実のものとなったのである。これにより、カナダ社会がアメリカ式の「訴訟社会」に転換するだろう、と指摘されている。実際に言語、マイノリティ、年齢、性別などさまざまな差別や問題を根拠として訴訟が続々と起こされている。

ところで、カナダやオーストラリアなど旧英国植民地の国々では、かなりユニークな司法の「遺産」が残されている。これは、イギリスが世界各地の植民地を経営したが、同時に帝国全体の最終裁判所を設定し、一応の体制を整えたことに由来する。例えば、カナダでは一八七五年に連邦最高裁判所が設けられたが、時にはこれを無視して帝国全体の最終裁判所（「枢密院司法委員会」と呼ぶ）へ最終的な判断を委ねることが多かった。これはカナダに限らず、他の植民地からも枢密院司法委員会へ判断を求められることがあった。カナダでいえば、自国に最高裁判所がありながら、英国の司法機関に最後の判断が求められていたことになる。歴史的にみれば、連邦と州の権限をめぐる争いは、枢密院司法委員会が決着をつけてきた。カナダは次第にこうした弊害を改善するため努力をし、一九三三年には、刑事事件の上訴を廃止し、その他の事件に関しても一九四九年に上訴制度を廃止した。これにより、一九四九年以降は連邦最高裁判所が名実ともにカナダの最終判決を下す機関となったのである。いずれにしても、カ

図6-1　カナダの州と準州

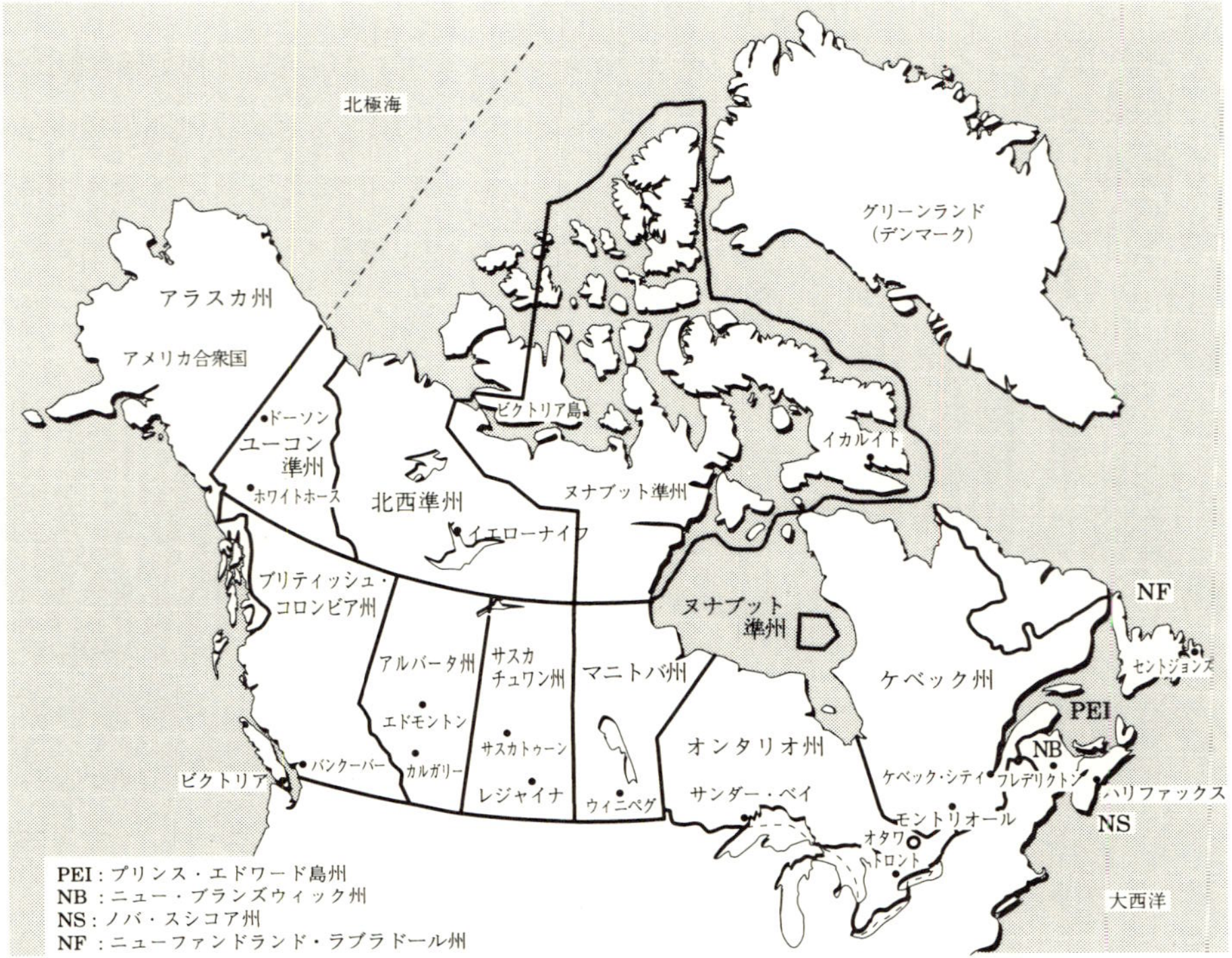

ナダ史やカナダ政治の歴史的発展を辿ろうとする際、枢密院司法委員会というやや古めかしい組織に着目せざるを得ないのが、カナダやオーストラリアなどの国の司法の特質といえる。

5　州政府と地方自治体

表6-4は州と準州の簡単な紹介である。政治制度の概観を眺めてみよう。連邦制度の枠組みにおいて、カナダでは一〇の州政府と二つの準州政府が存在する。州政府には人口の多い、少ないはあるにしても、それぞれ自前の議会（すべて一院制）、政府、官僚機関、司法機関など備えている。そして、連邦政府と同じように議会で多数派を占める政党が政権を握り、その最高責任者を「州首相」と呼んでいる。また、立憲君主制を州レベルでも実現するために、君主と連邦政府代理人という二重の役割を担う「副総督」が置かれている。州議会の開会、法案の裁可、州首相の任命など形式的なものが多いが、ほぼ連邦レベルと同じスタイルがとられている。ところで、カナダの小学校などへ行くと、政治的に「偉い人」や「雲上人」の写真が掲げられている。その「雲上人」は「英国女王」、「総督」、「連邦首相」、「副総督」そして「州首相」と最低でも五人はいることになる。イギリスの政治的遺産がこうして小学校の教室のなかでも依然として生きているのは興味深い。

準州政府は連邦政府の直轄地という性格のため、一応議会と執行部を有するが、他の州が持つ権限や実力を持つにはいたっていない。

地方自治体の創出や監督などは、すべて州政府の管轄である。一九九〇年の統計を見ると、全国で約五〇〇〇の市町村がある。その内訳は、市が一二〇あまり、町が約八〇〇、村が約一〇〇〇、そして山間部の自治体が三〇〇あまりとなっている。自治体の数が多いのはやはり、ケベックやオンタリオである。

表6－4　カナダの州と準州

	人口数 （単位は万）	州首府 （人口数，単位は万）	現在の政権 （選挙実施年）	州議会の構成 （その他には空席を含む）	合計
西部カナダ					
ブリティッシュ・コロンビア	385.5	ビクトリア(31.5)	2001- 5-16	自由党(76)，新民主党(3)	79名
アルバータ	278.9	エドモントン(89.0)	2004-11-22	保守党(61)，自由党(17)，新民主党(4)，その他(1)	82名
サスカチュワン	102.2	レジャイナ(19.9)	2003-11- 5	新民主党(30)，サンカチュワン党(28)	58名
マニトバ	114.3	ウィニペッグ(68.0)	2003- 6- 3	新民主党(35)，保守党(20)，自由党(2)	57名
中央カナダ					
オンタリオ	1,125.2	トロント(441.0)	2003-10- 2	自由党(72)，保守党(24)，新民主党(7)	103名
ケベック	738.9	ケベック・シティー(69.9)	2003- 4-14	自由党(74)，ケベック党(46)，その他(5)	125名
沿海部カナダ					
ニュー・ブランズウィック	76.2	フレデリクトン(4.7)	2003- 6- 9	保守党(28)，自由党(26)，新民主党(1)	55名
ノバ・スコシア	94.2	ハリファックス(34.4)	2003- 8- 5	保守党(25)，新民主党(15)，自由党(12)	52名
プリンス・エドワード島	13.7	シャーロットタウン(5.7)	2003- 9-29	保守党(23)，自由党(4)	27名
ニューファンドランド	57.0	セント・ジョンズ(17.5)	2003-10-21	保守党(34)，自由党(12)，新民主党(2)	48名
準州					
ユーコン	3.1	ホワイトホース(2.2)	2002-11- 5	ユーコン党(12)，新民主党(5)，自由党(1)	18名
北西準州	3.9	イエローナイフ(1.7)	2003-11-24	党派なし(19)	19名
ヌナブット	2.4	イカルイト(0.4)	2004- 2-16	党派なし(19)	19名

〔注〕 1．人口数は1996年度のデータ，州首都の人口は周辺都市の人口を含む。
2．ユーコンのユーコン党は，進歩保守党が1991年に変更した政党である。サスカチュワン党も，もとは進歩保守党系の党員からなる。
3．ヌブナットは北西準州の東半分を分割して1999年4月に創設された先住民主体の準州である。

政治学的に見て興味深いのは、カナダの州において自由党と進歩保守党という伝統的な政党に加えて、別の政治勢力が政権の座についている事実である。例えば、西部のアルバータ州では、イギリスで開発された「社会信用理論」に基づき、一九三五年から一九七〇年まで「社会信用党」が権力を握っていた。どちらかといえば、保守的で反共、「反中央」の立場にたつ政党であった。さらにサスカチュワン州では社会主義の政党である「協同連邦党」（ＣＣＦ）が一九四四年から一九六四年まで政権の座にあった。最近ではケベック州のカナダからの分離・独立をかかげるケベック党が一九七六年から一九八五年まで支配していた。その後、ケベック自由党が政権の座を挽回したが、一九九四年、ケベック党は州政治の主人公となった。二〇〇三年、自由党も再び政権についている。

人種構成や社会・経済構造ではおそらくアメリカとカナダではさほど大きな相違はないだろうと思われる。しかし、州レベル、あるいは連邦レベルでも多種多様な政党がカナダでは出現しており、比較研究（カナダの国内とアメリカとカナダ）を行ううえで興味深い。有名な研究の事例としては、思想研究で知られるＣ・Ｂ・マクファーソンによるアルバータ州の社会信用党の研究（『カナダ政治の階級分析』、御茶の水書房）と政治社会学の権威であるＳ・Ｍ・リプセットによる『アグラリアン・ソーシャリズム』（一九五〇年刊行、翻訳なし）がある。

連邦国家では理想的な地方分権が達成されているのだろうか。カナダでは、州政府に相当な権限が認められていることから、政治的には大きな力を発揮できる。この点では、中央集権が徹底している日本では、地方の反逆や政治的異議申し立てがほとんど見られず、カナダの自由な展開には目を見張ることが多い。しかし、行政サービスの質や全国的な行政サービスの提供、という視点に立てば、かなりのコストがかかっていることがわかる。一九七〇年代や一九八〇年代では、連邦政党が全国的な支持をうることができず、連邦議会の機能不全が指摘されていた。トルドーが首相を務めた自由党政権はケベックとオンタリオで支持があったが、西部や大西洋岸では支持がきわめて弱かった。このため、連邦首相と州首相の「直接交渉」が有力な手段となった。この会議は「連邦―州首相会議」と呼ばれ、恒常的なものとなりつつある。この直接交渉は、特に憲法改正問題において、連邦議会や州議会を飛び越えて、ごく一握りの連邦首相と州首相が改正の原案作りに関与した。憲法以外の争点でもこうした傾向が強い。州首相は自己の権限拡大をめざし、連邦首相は州への補助金や助成金を手掛かりに可能なかぎり全国的に均一な行政サービスを提供しようと双方が凌ぎを削るわけである。こうすると、現状は中央集権的な意思決定（連邦―州首相会議）を通して、地方分権を達成するものと考えることもできる。結論として、連邦国家だから単純に「地方分権」ということにはならないと指摘できよう。

3　カナダ政治の課題

カナダ政治が直面する重要な課題を簡単に検討してみよう。一九八二年憲法は、人権規約の明文化、憲法改正規則の決定など長年の課題を解消するかたちで成立した。しかし、一九八二年憲法はケベック州政府を最終的には排除した形で合意案が作られた。いわば合意が可能な連邦政府とケベック以外の九つの州の間で成立し、これが最終案となったのである。その後、ケベック州政府はこれを認めない、という立場を維持してきている。そこで例えば、この州の独自な立場や役割を認めるような内容を盛り込んで、ケベックの要求を入れた憲法改正案が二度にわたり討論されてきた。最初の改正案が「ミーチ湖協定案」であり、二番目のそれは「シャーロットタウン協定案」であった。しかし、最初の案は、改正案を全国的に承認するプロセス（一〇の州議会が個々に承認すること）をとったが、反対した州があったため、一九九〇年に不成立となった。ついで二番目の改正案は州議会の承認ではなく、有権者による「国民投票」（一九九二年一〇月二六日実施）で決着をつけようとしたが、反対票が賛成票を上回り、再び挫折した。

ケベック州議会では、この州の分離・独立をかかげる「ケベック党」が有力な政治勢力であり、連邦選挙のレベルではケベックの「主権」（ソブレンティ）拡大をめざす「ケベック連合」が一九九三年選挙で大躍進した。そして一九九五年一〇月三〇日、ケベック州の分離独立をめぐるレファレンダム（分離そのものへの賛成・反対のレファレンダムはない）が実施され、瑾差で反対派が勝利を収めた。瑾差というのは高い投票率（九三・五%）にもよるが、賛成派（四九・四%）、反対派（五〇・六%）、票差にすれば約五万三〇〇〇票という差による反対派の逃げ切りであった。前回のケベック州のレファレンダム（一九八〇年）では賛成派（四〇・四%）、反対派（五九・六%）であった。この数字を見るかぎり賛成派にとり、一九九五年の結果は必ずしもマイナス材料ではないので、第三回目のレファレンダムがかりに実施されれば、その結果はどうなるのであろうか。今後もケベックとカナダ連邦、あるいはケベックと憲法問題が大きな争点として残りそうである。

ただしケベックの政治的議論は、社会・経済的な格差や差別に基づく問題ではなく、きわめて「抽象的」なレベルでの分離とか主権という議論であることに注意しておこう。カナダ連邦のなかでは、連邦議会の議席配分や政党の政治力をみても、ケベックは中心的存在であり、連邦制度の「被害者」というようにとらえることはできない。このため、ケベックの分離主義に関心をよせることは重要だが、その分離主義をとりまく議論がすべて説得力を持つものとは言いがたい。またケベック社会の変化（出生率の低下、州外への住民の移動）から、移民を積極的に受け入れる政策を展開している。移民をコンスタントに受け入れていかないと、カナダ連邦に占めるケベックの比重が低下する可能性があるためである。

他方、カナダ西部の不満は改革党という新しい政党の出現により、これまでにない局面を迎えている。一九九七年の連邦選挙では、改革党がケベック連合を抜いて、野党第一党に躍進した。連邦政府がオンタリオやケベックに目を向けているという西部の不満は歴史的に強く、一九九〇年代はそれが政党政治の仕組みを塗り替えるような形で表面化してきたのである。その後改革党は「アライアンス」へと改組したが影響力は西部カナダにとどまった。そのため東部カナダで力を持っていた進歩保守党と二〇〇三年に合併して、二つの保守政党が一つにまとまった。この新「保守党」の復活が可能かどうか、注目されるところである。

一九九三年の総選挙はカナダ政治の構造を大きく変化させた。進歩保守党は名門の政党であるが、影響力を失った。他方、保守政党でも新興勢力である改革党（のちにアライアンスと名称変更）は西部カナダで支持を得たが、オンタリオより東ではまったく有権者の支持を得ることができないでいた。さらに新民主党も勢いを失い、事実上、自由党の一人舞台となった。野党間でも立場の違いから、効果的な連携を取ることができないでいた。この中でクレティエン自由党政府は行財政の改革を大胆に推進し、成果を上げてきた。一九九三年、一九九七年、二〇〇〇年と三回連続で自由党政権は、下院選挙で過半数の議席を制覇するという「偉業」を達成した。二つの保守政党は最後の挽回策として二〇〇三年秋には合同し、「新保守党」を誕生させた。

ところでクレティエンの後継者であるP・マーチン首相は、二〇〇四年六月の総選挙で連邦下院の過半数を制することができず、新民主党の非公式な協力を得て、なんとか政権を維持した。しかし、クレティエン政権下でのスキャンダルが大きく響き、二〇〇六年一月には真冬の総選挙という異例の事態を迎えた。カナダの有権者は自由党以外の政党の信頼は低く、さりとて自由党も信頼できない、というジレンマに直面している。政党政治への信頼が問われていると言えよう。二〇〇六年の総選挙では十三年ぶりに保守党が政権の座に復活し、四六歳という若いS

・ハーパーガ首相に就任した。しかし、ハーパー政権も下院の過半数（一五五議席）に満たない百二十四議席しか占めておらず不安定になるのではと指摘されている。

［加藤普章］

【参考文献】

①日本カナダ学会編、『史料が語るカナダ』、一九九七年、有斐閣
②J・セイウェル（吉田健正訳）、『カナダの政治と憲法』（改訂版）、一九九四年、三省堂
③桜田大造、『誰も知らなかった賢い国カナダ』、二〇〇三年、講談社
④C・B・マクファーソン（竹本徹訳）、『カナダ政治の階級分析』、一九九〇年、御茶の水書房
⑤岩崎美紀子、『カナダ現代政治』、一九九一年、東京大学出版会
⑥大原祐子、『カナダ現代史』、一九八一年、山川出版社
⑦木村和男／D・フランシス編、『カナダの地域と民族』、一九九三年、同文舘
⑧阿部斎・加藤普章・久保文明、『北アメリカ』、二〇〇五年、自由国民社
⑨綾部恒雄・飯野正子編、『カナダを知るための60章』、二〇〇三年、明石書店
⑩加藤普章、『カナダ連邦政治』、二〇〇二年、東京大学出版会
⑪P・E・トルドー（田中浩・加藤普章訳）、『連邦主義の思想と構造』、一九九一年、御茶の水書房
⑫吉田健正、『カナダはなぜイラク戦争に参戦しなかったのか』、二〇〇五年、高文研
⑬桜田大造、『カナダ外交政策論の研究』、一九九九年、彩流社

事項索引

あ　行

か　行

さ　行

た　行

な　行

は　行

ま　行

や　行

ら　行

わ　行

人名索引

あ 行

か 行

さ 行

た 行

は 行

ま 行

ら 行

わ 行

執筆者紹介（※印は編者）

※田口富久治《たぐちふくじ》	名古屋大学名誉教授	序　章
梅川《うめかわ》　正美《まさみ》	愛知学院大学法学部教授	第1章
※中谷《なかたに》　義和《よしかず》	立命館大学名誉教授	第2章
國廣《くにひろ》　敏文《としふみ》	立命館大学産業社会学部教授	第3章
村上《むらかみ》　弘《ひろし》	立命館大学法学部教授	第4章
高橋《たかはし》　進《すすむ》	龍谷大学法学部教授	第5章
加藤《かとう》　普章《ひろあき》	大東文化大学法学部教授	第6章

1994年10月20日　初　版第1刷発行
1999年5月20日　新　版第1刷発行
2006年5月20日　第3版第1刷発行
2009年3月30日　第3版第2刷発行

比較政治制度論〔第3版〕

編　者　田口富久治
　　　　中谷義和
発行者　秋山　泰

発行所　株式会社　法律文化社
〒603-8053 京都市北区上賀茂岩ヶ垣内町71
TEL 075(791)7131　FAX 075(721)8400
URL:http://www.hou-bun.co.jp/

印刷：共同印刷工業㈱／製本：㈱藤沢製本
装幀　白沢　正
ISBN4-589-02922-7